Début d'une série de documents
en couleur

ESSAI

DE

SOCIOLOGIE ET D'ÉCONOMIE POLITIQUE

L'ÉVOLUTION SOCIALE

Sous l'influence

DES INTÉRÊTS COLLECTIFS ET INDIVIDUELS

PAR V.-M. DUC

> L'ouvrier qui ajoute par son travail
> une plus-value à une matière première,
> ne touche pas le bénéfice de cette plus-
> value, qui va au détenteur du capital,
> lequel réalise sans travail un bénéfice
> qui devrait, suivant l'équité, appartenir
> au producteur.

AURILLAC

IMPRIMERIE H. GENTET

Rue Marchande

1885

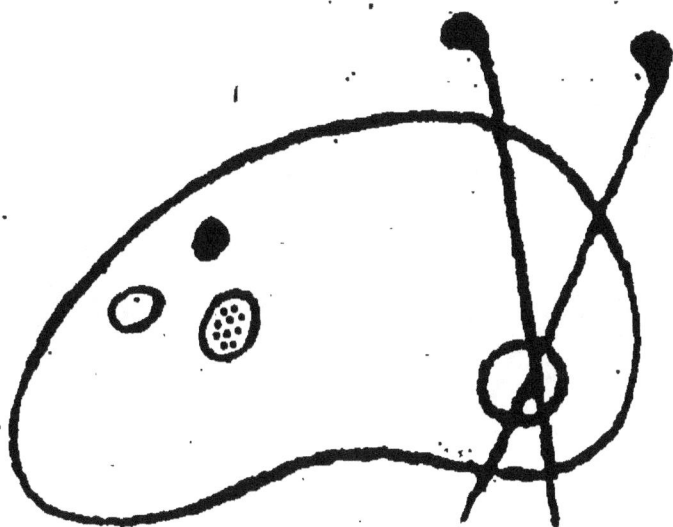

Fin d'une série de documents
en couleur

ESSAI

DE

SOCIOLOGIE ET D'ÉCONOMIE POLITIQUE

L'ÉVOLUTION SOCIALE

Sous l'influence

DES INTÉRÊTS COLLECTIFS ET INDIVIDUELS

Par V.-M. DUC

L'ouvrier qui ajoute par son travail une plus-value à une matière première, ne touche pas le bénéfice de cette plus-value, qui va au détenteur du capital, lequel réalise sans travail un bénéfice qui devrait, suivant l'équité, appartenir au producteur.

AURILLAC

IMPRIMERIE H. GENTET

Rue Marchande

1885

AURILLAC, IMPRIMERIE H. GENTET.

L'ÉVOLUTION SOCIALE

SOUS L'INFLUENCE

DES INTÉRÊTS COLLECTIFS ET INDIVIDUELS

PREMIÈRE PARTIE.

---

§ Ier.

Les découvertes récentes de la science nous montrent que l'humanité a primitivement traversé un état de civilisation qui était la première évolution sociale du sauvage. Cette évolution correspond au premier âge, dit *âge de la pierre;* les indigènes de la Nouvelle-Zélande, de l'Australie, nous offrent encore aujourd'hui l'image fidèle de cet état social.

La deuxième évolution de l'espèce humaine commence avec *la pierre polie;* nous voyons que les peuplades qui fabriquaient des haches en pierre polie ne vivaient pas dans un isolement complet les unes à l'égard des autres; et il a certainement existé entre elles quelque trafic.

L'emploi du métal marque une évolution nouvelle, c'est l'aurore de la civilisation; cette évolution prend naissance avec *l'âge du bronze.*

Le bronze a dû être apporté en Europe par les races Indo-Européennes qui, ainsi que l'atteste leur idiome, étaient en possession des métaux avant leur migration sur le continent européen. Avec l'âge du bronze, l'état social devient beaucoup moins rudimentaire qu'à l'époque de la pierre taillée : les arts commencent à se manifester ; les poteries de cette époque offrent déjà des principes d'ornementation ; ensuite on y adapte ces anneaux qui deviennent très communs à l'époque du bronze. L'homme employait ces vases pour la conservation des denrées, telles que fruits et céréales, qui provenaient de ses travaux de cueillette et constituaient probablement ses provisions d'hiver.

L'homme, en conservant les produits de ses travaux de cueillette et de chasse, créait par ce *travail d'appropriation* la *valeur d'échange*. Tant que ses efforts furent limités à ses besoins personnels, son travail n'étant pas socialement productif, fut incapable d'acquérir une valeur en dehors de son utilité personnelle ; mais dès qu'il y eut un excédant de fruits ou de gibier, son travail ne se consommant pas de suite, devint socialement productif et créa la valeur d'échange qui, en s'accumulant, donnera naissance au *capital*.

Tous les peuples ne sont pas arrivés en même temps à cette évolution de la race humaine qui commence avec l'âge des métaux. Lorsque Cook explora l'Océan Pacifique, au siècle dernier, les naturels ne connaissaient encore que la pierre. M. Marcou a rencontré, en 1854, aux bords du Rio Colorado de Californie, une tribu indienne qui ne se servait que d'armes et d'ustensiles en pierre et en bois.

Le métal ne se substitua que graduellement à la pierre et au bois parce qu'à cause de son grand prix, les pauvres se contentaient d'employer des engins de pierre. Et même pendant un certain laps de temps les deux matières durent être employées concurremment.

On peut suivre la marche de la civilisation par l'usage des métaux ; les premières populations de l'Asie qui firent usagé du bronze arrivent, deux ou trois mille ans avant Jésus-Christ, à un état social qui dépasse mainte nation de nos jours.

Tant que l'homme vit de la chasse, de la pêche, de la cueillette des fruits sauvages, il ne songe pas à s'approprier la terre et il ne considère comme siens que les objets pris ou façonnés par sa main. La terre et les richesses qu'elle renferme n'ont, pour l'homme qui vit dans cet état social, pas plus de valeur que l'air et l'eau.

Lorsque l'homme crée par son travail la valeur d'échange, le besoin d'améliorer ses modes de production et de conservation se fait sensiblement sentir ; sous l'influence de ces nouveaux sentiments, il cherche à domestiquer les animaux sauvages, et une fois ce résultat atteint, il passera insensiblement de la dernière évolution sociale du sauvage à la première phase du régime pastoral.

Les animaux que l'homme est parvenu à domestiquer sont propres à le nourrir et à lui assurer un lendemain. Alors des sentiments plus affectueux et plus pacifiques prennent naissance ; *c'est l'aurore de la composante des sociétés,* dont la première résultante sera la *famille,* d'où sortira la *tribu* chez les races inférieures et la *nation* chez celles qui sont mieux douées et mieux servies par les circonstances.

La culture de certaines plantes alimentaires peut se concilier avec la vie pastorale et nomade ; ainsi commence l'agriculture. De nos jours, les Arabes de la tente en Algérie et les Bédouins en Egypte nous donnent une idée assez exacte de cette vie nomade et agricole.

La vie pastorale, premier état social de la plupart des tribus humaines, cède insensiblement le pas à la vie agricole, la seule qui puisse alimenter une population nombreuse et qui permette de constituer une nation. Cet état social éveillé de nouveaux instincts qui viennent prendre place parmi les composantes de la vie humaine. L'agriculture, en se développant, procure l'abondance et la sécurité qui invite au bien-être. La mère n'étant plus dominée par le souci des besoins journaliers, donne plus de soins à l'enfant, le garde plus longtemps avec elle et lui prodigue toutes les caresses de l'amour maternel; ces caresses répercutées sur le jeune être, appellent l'amour filial, qui, s'agrandissant et sortant bientôt du cercle de la famille, développe les sentiments affectifs, correctif heureux de l'égoïsme qui est une des fatalités de notre nature. Ces sentiments affectifs épurent l'idée de droit et précisent la notion du devoir : de l'équilibre de ces notions primordiales sortira l'idée de *justice*, base de toutes les sociétés humaines et un des traits caractéristiques des races supérieures.

La notion de la propriété foncière commence à poindre sous le régime pastoral. Pendant cette période elle s'attache seulement à l'espace que les troupeaux de chaque tribu parcourent habituellement. L'idée qu'un *individu isolé* pourrait réclamer comme exclusivement à lui une partie du sol ne vient encore à personne.

Peu à peu une partie de la terre est mise en culture. Mais le territoire que le clan ou la tribu occupe demeure sa propriété indivise. La terre de culture, le pâturage et la forêt sont exploités en commun.

Plus tard la terre cultivée est divisée, comme nous le voyons de nos jours en Russie, par lots que répartit entre les familles la voie du sort. L'usage temporaire est attribué ainsi à l'individu ; mais le fond continue à rester la propriété collective du clan ou de la commune à qui il fait généralement retour tous les neuf ans, afin qu'on puisse procéder à un nouveau partage.

Les communautés de village, dont la Russie nous offre l'image, ont existé chez tous les peuples au moment de l'évolution sociale qui prend naissance avec le régime agricole, chez les Germains du temps de Tacite, dans l'antique Italie, au Pérou et en Chine, au Mexique et dans l'Inde, chez les Scandinaves et chez les Arabes exactement avec les mêmes caractères. Retrouvant ainsi cette institution sous tous les climats et chez toutes les races, on peut la regarder comme une des phases nécessaires du développement des sociétés.

La commune ou le clan, en attribuant ainsi des lots à cultiver à chaque famille, faisait naître l'intérêt personnel, d'où sont sortis l'esclavage, le servage, la propriété individuelle, l'industrie, etc.

Les guerres et les religions, en détruisant peu à peu la sociabilité primitive et naturelle de l'homme, vinrent aussi en aide au développement de la propriété individuelle, que l'intérêt personnel rendit héréditaire; mais dans les premiers temps elle est encore engagée dans les mille entraves des droits suzerains, des fidéicommis, des retraits lignagers, etc. Après une dernière évolution elle se constitue définitivement et arrive à être ce droit absolu, souverain, personnel que définit le code civil.

Le droit romain et le droit moderne ont pris corps dans un temps où le souvenir des formes collectives de la propriété foncière avait disparu, et les juristes, en remontant à ce que l'on appelle l'état de nature, ont fait sortir de cet état la propriété individuelle, méconnaissant ainsi cette loi du développement graduel qu'on retrouve partout dans l'histoire.

La commune russe a conservé intacte son organisation intérieure. Mais en perdant son indépendance elle a perdu son caractère; et si ses membres ont toujours conservé cette douceur de mœurs qui est le propre des hommes vivant sous le régime de la commune agraire, ils n'ont plus cette vigueur et cette intrépidité que seuls les Cosaques, assez heureux pour avoir échappé à l'asservissement de la noblesse russe, possèdent encore.

L'organisation égalitaire de la commune primitive donnait à l'individu une trempe extraordinaire et qui explique comment des bandes peu nombreuses ont pu devenir maîtresses de l'Empire romain. La manière de vivre du communier est barbare, en ce sens qu'il ne songe pas à pourvoir aux besoins raffinés que la civilisaticn a fait naître; mais elle met en activité et développe toutes les facultés humaines, les forces du corps d'abord, puis la volonté, la prévoyance, la réflexion. Quelle différence entre un des membres de ces communautés de village et le paysan de nos jours! Le premier se nourrit de viandes, de lait et de fromage; le second de pain et de pommes de terre, la viande étant trop chère, il en mange rarement. Le premier se considère l'égal de tous et ne reconnaît nulle autorité au-dessus de lui; il choisit librement ses chefs, il prend part à l'administration des intérêts de la communauté; comme juré il juge les crimes, les différends de ses pairs. Le paysan de nos jours est inerte; il ne dispose pas de lui, il est pris dans l'engrenage social qui en dispose comme d'une chose; il tremble devant son propriétaire, devant son curé, devant le garde-champêtre; partout des autorités qui lui commandent et auxquelles il doit obéir parce qu'elles disposent, pour l'y contraindre, de toutes les forces de la nation.

Comme il n'existait pendant cette période de l'évolution sociale *aucune division du travail*, les échanges étaient presque nuls, l'homme libre ne payait ni impôt, ni rente, la chasse, les troupeaux, le produit de la terre qui lui était assignée lui fournissant les aliments et les matières premières.

La terre étant la propriété de tous et les pâturages communs, le bétail servait, comme de nos jours chez les Tartares, d'instrument de commerce et de mesure de valeur.

Les fruits récoltés sur la part attribuée à chaque famille restant la propriété de la famille, il arrivait que quelques familles, plus avisées ou plus favorisées, obtenaient un plus grand revenu. L'accumulation de ce revenu donnait des forces à l'intérêt personnel et faisait naître le *capital,* dont l'une des premières manifestations fut de créer l'esclavage. L'esclavage n'est pas venu, comme on se plaît à le croire, de la guerre, il a été l'aliment et même la cause des guerres. L'esclavage vient du capital ou accumulation des revenus, car, tant qu'il n'y eût pas excédant de revenus ou lorsque l'excédant était trop faible, l'esclavage ne pouvait s'établir, personne *n'ayant intérêt à posséder des esclaves.* Mais au fur et à mesure du développement du capital, marchait à sa suite et en proportion cette institution inique qui permettait à certains hommes de s'approprier le travail de leurs semblables en leur donnant en échange un minimum de subsistance. C'était une violation des senti ments humains et une atteinte injustifiable portée à la propriété d'autrui.

L'esclavage progressant, l'homme libre ne pouvait pas ou ne voulait pas vivre de son travail et devenait ainsi, quand il ne lui restait plus que ses bras, un danger pour l'ordre établi. De plus, la progression dans le développement de l'esclavage permettait aux puissants du jour d'accaparer une plus large part de la fortune nationale ; le nombre des prolétaires augmentait, d'où la lutte des pau. vres et des riches qui éclate partout, après une série de révolutions, de contre-révolutions, de périodes d'anarchie et de despotisme, l'une enfantant l'autre. C'est dans ces conflits perpétuels que les républiques grecques perdirent leur liberté.

L'histoire de l'Empire romain nous présente un enseignement semblable. Au début nous voyons l'Italie couverte de petites républiques de paysans libres, laborieux, égaux, tous portant la lance, cultivant leur petit domaine et entretenant de nombreux troupeaux sur le pâturage communal. Telle fut Rome elle-même à l'origine. Elle était déjà puissante que ses grands hommes conduisaient encore la charrue de leurs propres mains. Mais les guerres perpétuelles ruinent les plébéiens ; les patriciens envahissent les terres communes ; *l'ager publicus* est sans cesse agrandi par la confiscation des terres des vaincus ; la guerre fournit des esclaves pour les mettre en valeur ; ainsi se forment les *Latifundia*. Tiberius Gracchus revenant d'Espagne, traverse l'Italie et n'aperçoit que des campagnes désertes. L'homme libre a disparu, la culture a cessé, il ne reste que d'immenses pâturages que parcourent des troupeaux de bœufs et d'esclaves. Gracchus voit la cause du mal et veut faire ce que fit plus tard la Révolution française, multiplier les petits propriétaires en répartissant *l'ager publicus ;* mais ni ses lois agraires, ni celles des tribuns du peuple ne purent arrêter la marche envahissante de la grande propriété et la destruction des hommes libres. Les grands s'enrichissent des dépouilles des Provinces ; le procès de Verrès nous apprend par quels procédés. Quand la République est devenue la proie de quelques oligarques qui se la disputent, elle est mûre pour le despotisme. Quoique le pouvoir tombe parfois aux mains d'hommes de bien, l'empire ne fait que donner plus de forces aux causes de désorganisation sociale. La dépopulation s'étend de l'Italie aux Provinces ; quand les Barbares arrivent, ils occupent peu à peu la place vide.

Les *Latifundia* et l'*esclavage* avaient tout perdu.

En Germanie et en Gaule une autre cause minait l'ancienne organisation agraire et détruisait insensiblement l'égalité primitive. On sait que les membres de la commune ou du clan ne pouvaient disposer de leur part, qui appartenait à tous, que du consentement des communiers qui avaient par la mise en commun un droit de reprise. Mais ce droit ils ne pouvaient l'exercer contre l'Église. Or, dans ces temps de ferveur, les fidèles léguaient très souvent à l'Église tout ce qu'ils possédaient; les abbayes et les évéchés devinrent ainsi co-propriétaires des biens communs. Cette situation étant en désaccord complet avec l'organisation agraire primitive, l'Église retirait de la communauté les parts qui lui revenaient, les clôturait, tâchait de les arrondir et les faisait cultiver par des métayers. Déjà vers la fin du IXᵉ siècle le tiers de toutes les terres de la Gaule appartenait au clergé.

Les mêmes causes produisant partout les mêmes effets, il arriva, par suite de l'accaparement que faisait le clergé des biens des communes, ce qui avait déjà eu lieu pour l'esclavage; à partir du moment où une partie des travaux agricoles se fit par des salariés, métayers ou serfs, cultiver la terre fut peu à peu considéré comme une œuvre vile, et les cultivateurs libres perdirent en dignité et en considération, même à leurs propres yeux.

Sous l'influence de ces idées et aidée, dans beaucoup de pays, par les droits de conquête, la féodalité se constituait et s'implantait lentement en transformant le communier en serf et la commune en fief. C'est ainsi que la commune ou clan, qui était primitivement une petite république indépendante, fut réduite par les usurpations successives des seigneurs et des souverains, à n'être plus que la jouissance collective des pâturages et des bois communaux, quand ceux-ci avaient été respectés.

Avec le régime féodal s'établit, sous le nom de noblesse, une corporation qui s'attribua d'une manière exclusive les fonctions supérieures de la société.

Les conquérants qui avaient des métayers et des esclaves pour cultiver leurs terres, pouvaient vivre sans travailler et s'exercer au maniement des armes. Les communiers, exclusivement adonnés aux travaux agricoles, en perdirent l'usage, et, n'ayant plus de force à opposer, se laissèrent asservir par les premiers. De là naquit la noblesse qui devint propriétaire de la plus grande partie du capital que les peuples vaincus ou asservis avaient accumulé sur le sol. Cette même noblesse s'arrogea toutes les fonctions politiques, administratives, judiciaires et militaires qui furent dès lors transmises par voie d'hérédité.

Au fur et à mesure que s'implantait cette nouvelle organisation, les communes devenaient la proie de cette horde avide et brutale qui jouissait d'un pouvoir absolu, en abusait pour opprimer de la manière la plus monstrueuse les communiers, qui ne furent plus que des serfs taxables et corvéables à merci, et plus tard les paysans que nous voyons de nos jours.

§ II.

Un nouveau régime capitaliste prenait naissance sous la féodalité. L'une des premières manifestations de ce régime fut de détruire la noblesse qui régnait avec les auxiliaires les plus puissants qui aient été au pouvoir des hommes : la religion pour persuader et la force pour maintenir.

Nous avons vu que l'accumulation du revenu ou produits de la terre faisait naître le capital. Dans les Républiques grecques et l'Empire romain le régime capitaliste créait l'esclavage qui, en se développant, donnait naissance à la division du travail.

Le nouveau régime capitaliste qui se constituait à une époque où l'esclavage avait disparu, engendrait aussi en se développant la division du travail et donnait naissance à l'artisan libre, vivant uniquement de ses labeurs. Les artisans libres forment peu à peu une agglomération d'habitations qui, en s'agrandissant, arrivent à atteindre les limites et à produire le mouvement que nous voyons de nos jours dans quelques grandes villes. Dans les premiers temps, les forgerons, charrons, charpentiers, maçons, tisserands, tailleurs, tanneurs, cordonniers, sont tous gens aux services desquels l'agriculteur a souvent recours. Ces artisans ont aussi de temps en temps besoin les uns des autres, et leur résidence n'étant pas nécessairement attachée, comme celle du fermier, à tel coin de terre plutôt qu'à tel autre, ils s'établissent naturellement dans le voisinage les uns des autres et forment ainsi une petite ville. Le boulanger, le boucher et d'autres détaillants viennent bientôt s'y réunir et y faire le commerce. Les habitants de la ville et ceux de la campagne sont réciproquement les serviteurs les uns des autres. La ville est une foire ou marché continuel où se rendent les habitants de la campagne pour échanger leurs denrées contre des produits manufacturés; c'est ce commerce qui fournit aux habitants de la ville et les matières de leur travail et les moyens de leur subsistance. La quantité d'ouvrage confectionné qu'ils vendent aux habitants de la campagne détermine nécessairement la quantité de matières et de vivres qu'ils achètent. Ainsi leur occupation et leur subsistance ne peuvent se multiplier qu'en raison de l'extension et de l'amélioration de la culture.

Si les institutions humaines n'eussent jamais troublé le cours naturel des choses, les progrès des villes en richesses et en population auraient donc, dans toute société, marché à la suite et en proportion de la culture et de l'amélioration de la campagne ou du territoire environnant.

L'une des premières causes du trouble apporté au cours naturel des choses fut le luxe qui croît en proportion du perfectionnement du travail des artisans. Le goût esthétique qui transformait, par les aptitudes puisées dans l'hérédité, le fils du forgeron en orfèvre ou ciseleur, le fils du charpentier ou du maçon en architecte, fit naître le luxe qui, en s'agrandissant, est arrivé au point où nous le voyons aujourd'hui.

Le grand propriétaire, qui ne trouvait pas à échanger la plus grande partie du produit de ses terres excédant la subsistance des cultivateurs, en consommait la totalité chez lui en une sorte d'hospitalité rustique. Si ce superflu est en état de faire vivre cent ou mille personnes, il n'a pas d'autres moyens de l'utiliser qu'en en nourrissant ces cent ou mille individus; il est donc en tout temps environné d'une foule de gens qui, n'ayant aucun équivalent à lui donner en retour de leur subsistance, sont à ses ordres par la même raison qui fait que des soldats sont aux ordres du prince qui les paye. Cette hospitalité est encore commune chez tous les peuples qui connaissent peu le commerce.

En perfectionnant leur travail, les artisans produisirent des ouvrages plus raffinés qui, en devenant objet de luxe, acquirent *une valeur d'opinion* exagérée, valeur qui n'était plus en rapport avec les progrès de l'agriculture et dans laquelle, au bout d'un certain temps, la matière première et le travail même de l'artisan n'entrèrent que pour une faible part.

Ces prix de fantaisie donnés à la *valeur d'opinion* firent que les puissants du jour seuls pouvaient acheter ces objets en échange d'une grande quantité des produits bruts de leurs terres. Dès lors le régime capitaliste prenait un puissant développement, poussait le goût et faisait naître l'inconstance.

Ce que les institutions féodales, toutes violentes qu'elles étaient, n'avaient pu effectuer, l'action lente et insensible du commerce et des manufactures le fit graduellement. *Tout pour nous et rien pour les autres*, telle est la vile maxime qui paraît avoir été, dans tous les âges, celle des maîtres de l'espèce humaine. Aussi, dès qu'ils purent trouver une manière de consommer par eux-mêmes la valeur totale de leurs revenus, ils ne furent plus disposés à les faire partager. Une paire de boucles d'oreilles, une bague

garnie de diamants ou quelque autre frivolité tout aussi
vaine, fut l'objet pour lequel ils donnèrent la subsistance
d'un millier peut-être de personnes pour toute une année,
et avec cette subsistance toute l'influence et l'autorité
qu'elle pouvait leur valoir. Mais aussi les bijoux étaient
pour eux seuls, aucune autre créature humaine n'en par-
tageait la jouissance, tandis que dans l'ancienne manière
de dépenser, il fallait au moins faire part à mille individus
d'une dépense qui eût été de même valeur. Pour des hommes tels que ceux qui avaient le choix de la faire établir,
cette différence était un motif absolument décisif ; et c'est
ainsi que, pour satisfaire la plus vile et la plus sotte des
vanités, ils abandonnèrent par degrés tout ce qu'ils avaient
de crédit et de puissance.

La dépense personnelle des grands propriétaires s'étant
successivement augmentée par ce moyen, il leur fut impossible de ne pas diminuer successivement le nombre des
gens de leur suite, jusqu'à finir par la réformer tout entière et ne conserver que quelques domestiques. La même
cause les amena aussi par degrés à congédier toute la
partie inutile de leurs tenanciers et à agrandir peu à peu
leurs terres en absorbant les domaines des petits propriétaires ; et malgré les plaintes que firent entendre les cultivateurs sur la dépopulation des terres, ces derniers furent réduits au nombre strictement nécessaire aux besoins de la culture. Le propriétaire, en écartant ainsi toutes
les bouches inutiles et en exigeant du fermier toute la valeur du produit de la terre, obtint un plus grand superflu,
ou, ce qui est la même chose, le prix d'un plus grand superflu, et ce prix, les marchands et les manufacturiers lui
fournirent bientôt les moyens de le dépenser pour sa personne de la même manière qu'il avait dépensé le reste. La
même cause agissant toujours avec plus d'intensité, il
chercha encore à faire monter ses revenus; ses fermiers
ne purent s'entendre avec lui qu'à la seule condition d'être

assurés de leur jouissance pendant un nombre d'années assez grand pour avoir le temps de recouvrer avec profit tout ce qu'ils pourraient placer sur la terre en améliorations nouvelles. La vanité dépensière du propriétaire le fit souscrire à cette condition ; de là l'origine des longs baux.

Un tenancier qui paie de la terre tout ce qu'elle vaut, n'est pas absolument sous la dépendance du propriétaire. Les gains que ces deux personnes réalisent ensemble sont égaux et réciproques, et un pareil tenancier n'ira exposer ni sa vie ni sa fortune au service du propriétaire. Si le tenancier a un bail à long terme, il est alors tout à fait indépendant, et il ne faut pas que son propriétaire s'avise d'en attendre le plus léger service au-delà de ceux qui sont expressément stipulés dans le bail.

Les tenanciers devenaient de la sorte indépendants et, en prêtant leur concours au souverain, les grands propriétaires ne furent plus en état d'interrompre le cours de la justice, ni de troubler la tranquillité publique.

La noblesse qui exigeait primitivement des tenanciers des prestations insignifiantes en travail et en nature (les redevances à payer étant parfois nominales et consistant en un chapon, une fleur, etc., pour la possession d'un lot qui faisait vivre toute une famille), avait, en exigeant de la terre tout ce qu'elle vaut, vendu dans le délire de l'abondance ses droits de naissance, pour des colifichets et des niaiseries plus propres à amuser des enfants qu'à occuper sérieusement des hommes. Elle devint de la sorte aussi peu importante qu'un bon bourgeois ou un bon artisan.

Le régime capitaliste moderne et le luxe avaient détruit la féodalité et la noblesse.

§ III.

Nous venons de voir que, pendant la première partie du régime féodal, celui qui possédait un grand revenu n'avait pas d'autre manière de le dépenser et d'en jouir que de l'employer à faire subsister autant de monde à peu près que ce revenu pouvait en nourrir. Dans cet état, la principale dépense que puissent faire les grands et les riches consiste en une hospitalité sans luxe et des libéralités sans ostentation. Ces sortes de dépenses sont de nature à ne pas ruiner ceux qui les font. La longue période pendant laquelle, sous le régime féodal, les terres demeuraient dans la même famille en est une preuve.

Dans un pays commerçant où abondent tous les objets de luxe, les détenteurs des revenus dépensent pour ces fantaisies une grande partie de leur fortune; ce qui fait que les richesses restent rarement dans la même famille, et ce, malgré tous les moyens forcés que prendrait la loi pour en empêcher la dissipation. Au point de vue moral, cet état de choses a fait naître l'inconstance, le jeu et ensuite la mauvaise foi dans toutes les relations d'intérêts, pour aboutir à cette piraterie, à ce brigandage qui s'exerce effrontément depuis quelques années dans les affaires financières.

Ce n'est que vers le xive siècle que le régime capitaliste des sociétés modernes commence à se développer pour atteindre le point où il se trouve actuellement. Ce régime prend naissance avec le luxe et se développe avec le fermage de toute la valeur de la terre et le prêt à intérêt.

Lorsque les grands propriétaires abandonnent peu à peu l'habitude de faire vivre un grand nombre de personnes pour dépenser leurs revenus en frivolités et qu'ils exigent de leurs tenanciers un fermage de toute la valeur de la

2

terre, le prêt à intérêt s'impose en dépit de toutes les lois civiles et religieuses qui le prohibaient. Pour éluder cette prohibition on eut recours à la lettre de change ; on prêtait 90 et on stipulait 100 sur la lettre de change. On eut aussi recours, pour les prêts à longs termes, à la constitution d'une rente, en se faisant vendre la terre de l'emprunteur et en lui faisant ensuite payer, pour conserver la jouissance de cette terre, un fermage excessif eu égard à la somme prêtée. Vers la fin du siècle dernier, on eut recours à l'escompte par billets. Ce fut l'origine des banques d'escompte et de recouvrement que l'on retrouve encore dans toutes les villes de France.

Il était logique, à l'époque où le tenancier payait pour la terre qu'il occupait une redevance insignifiante, que le prêt à intérêt fût défendu. Aussi les oracles de la religion et les docteurs de la loi le prohibèrent-ils en se basant sur ce que l'argent n'avait été créé que pour servir à l'échange en le facilitant, et que l'intérêt qu'on avait en multipliant cet instrument d'échange permettait d'acquérir par un nouveau mode, qui était l'usure (*usura* des Romains), et que c'était, de toutes les acquisitions, celle qui était le plus contre nature, et que, par conséquent, les prêteurs ne pouvaient s'enrichir que des misères d'autrui en tirant avantage de la faim et de la nudité du pauvre.

Le fermage de toute la valeur de la terre et le prêt à intérêt donnèrent au régime capitaliste une impulsion considérable qui a marché depuis, à la suite et en proportion de la décomposition sociale et de l'abaissement que l'on observe dans le niveau moral de toutes les classes des sociétés modernes.

Les classes dirigeantes et le clergé suivent les traditions qui ont pris corps dans ce régime capitaliste. Lorsque, le 15 décembre 1520, Luther brûlait solennellement devant une des portes de Vitlemberg la bulle de condamnation que le pape avait lancée contre lui, la condamnation du trafic des indulgences lui fut d'un puissant secours pour donner le signal de la révolte qui se préparait depuis longtemps en Allemagne. Il fut aussi secondé par la masse des mécontents qui vit en lui à la fois le restaurateur de l'enseignement évangélique et le redresseur des torts que l'on reprochait au clergé, lequel possédait de vastes domaines et d'immenses revenus et que ses privilèges rattachaient à la noblesse et à toute l'organisation politique. De là l'aversion que les bourgeois et des artisans d'un grand nombre de villes nourrissaient contre le clergé, non pas tant par répugnance pour les dogmes qu'il enseignait, que parce qu'ils voyaient dans le corps sacerdotal le plus solide appui d'un ordre de choses dont ils souhaitaient la destruction.

Le schisme violent qui se produisit à cette époque dans le sein de l'Église catholique ne fut pas un enseignement pour le clergé; car il continua à s'éloigner des idées d'égalité et de justice qui sont le fond de l'Évangile et à s'avilir de plus en plus devant le capital. Franchissant ensuite les bornes prescrites par le bon sens, il arrive insensiblement à ce degré de déconsidération et de dégradation où nous le voyons de nos jours; sacrifier pour de l'argent à des pratiques plus païennes que chrétiennes tout ce que la religion a de plus grand. Les mariages à l'Église sont des actes de féerie, où les décors sont empruntés à toutes les choses du luxe moderne. Les enterrements sont des scènes de théâtre lyrique avec la différence que les prix sont plus élevés qu'au spectacle.

Dans les premiers temps, le grand propriétaire avait intérêt à obtenir beaucoup de blé pour nourrir les gens qui l'entouraient. Mais quand les industriels se mirent à acheter la laine dont ils avaient besoin pour fabriquer du drap, il eut intérêt à remplacer ses tenanciers par des moutons et la terre arable par des pâturages. A partir du XIVᵉ siècle jusqu'à nos jours, le travail d'élimination, des petits propriétaires d'abord et des cultivateurs ensuite, ne s'est pas

arrêté. Chassés au commencement par les grands propriétaires, plus tard attirés par les prix de main-d'œuvre du
commerce et de l'industrie qui sont supérieurs à ceux
payés par l'agriculture, la population de la campagne est
attirée dans les villes. Libre, mais privée de moyens de
travail, elle est forcée par conséquent de se mettre au service des détenteurs du capital. Les mieux servis par les
circonstances, ou les mieux doués, se livrent au commerce, les autres mettent leurs bras aux services des artisans et des industriels. Il s'ensuivit pour les uns la richesse et pour les autres la pauvreté. De là l'origine de la
bourgeoisie et du prolétariat.

Le cours naturel des choses qui, jusqu'au xive et même
au xve siècle, avait marché en raison de la culture et de
l'amélioration de la campagne, change de direction, et, à
partir de ce moment jusque vers le milieu de notre siècle,
le progrès des villes en population et des peuples en richesses marche en raison du développement du commerce
et de l'industrie.

§ IV.

Le luxe est un des principaux moteurs du commerce.
C'est le commerce de luxe qui, par les richesses qu'il met
en mouvement, rend les affaires aussi aléatoires et accu-
mulée ces fortunes qui donnent naissance à la spéculation,
à l'agiotage, ensuite à la *bancocratie* et à l'*industrialisme*.
A partir de ce moment, il devient presque impossible de
suivre sous cette impulsion les peuples dans leur évolution. Les entreprises les plus insensées séduisent le public,
et les gouvernants les plus sages et les plus humanitaires
passent pour des utopies; l'inconstance augmente, le sens
moral s'oblitère, les sentiments de justice s'affaiblissent;
c'est le point de départ de la décomposante des sociétés.

Lorsque le diamant, dont l'utilité est égale à celle d'un morceau de verre qui ne vaut même pas la peine d'être ramassé, acquit une *valeur toute d'opinion* de plusieurs milliers de francs, il y eut chez le premier acheteur de ce colifichet une question de vanité et d'ostentation qui lui fit perdre la notion exacte de la valeur et qui, en se répandant dans la société, nous a conduit au triste état où nous sommes aujourd'hui.

La spéculation et le jeu font également perdre la notion de la valeur. De 1634 à 1637, on vit en Hollande des spéculations sur des tulipes qui n'avaient jamais existé. En France, de 1717 à 1720, les spéculations se multiplièrent à l'infini sur des chiffons de papier dépourvus de toute valeur réelle.

La spéculation, en créant des richesses éphémères, n'en faisait pas moins naître des besoins qui aidaient au développement du commerce et de l'industrie; ce qui permettait aux souverains et aux États toujours obérés de se procurer de nouvelles sources de revenus. Mais lorsque ces sources tarissent, il faut songer à des expédients pour pourvoir à ces besoins, et lorsque la création de nouveaux impôts ne suffit plus, on songe à faire des emprunts, ce qui amène la création d'institutions de crédit, qui presque partout furent fondées pour subvenir aux besoins financiers des nations. C'est ainsi que fut fondée la Banque d'Angleterre en 1695. C'est aussi pour faire face aux mêmes besoins que l'écossais Law fondait à Paris en 1716 la Banque Royale. La création de ces banques donnait une grande impulsion à la spéculation et à l'agiotage et produisait par la suite la bancocratie.

De 1717 à 1720, la Banque Royale fondée par Law appelait tous les capitaux disponibles du pays dans une suite d'entreprises insensées et dans l'agiotage le plus effréné. Au bout de quatre ans, après avoir bouleversé les fortunes et l'État elle tombait, laissant derrière elle de furieux préjugés et de tristes souvenirs.

De 1720 à 1800, il se fonda quelques sociétés de crédit, ainsi que des sociétés industrielles et de commerce, qui ont disparu depuis sans jouer un rôle important. La Banque de France se fonde en 1800, et à partir de cette époque il se crée plusieurs sociétés industrielles pour l'exploitation des inventions nouvelles, compagnies de navigation, chemins de fer, gaz, etc. Ce mouvement va en s'accentuant au point qu'en 1838 ces sociétés paraissaient sortir de terre, tellement elles étaient nombreuses, et, après s'être agitées pendant quelque temps, elles disparurent en un instant. Toutes les sociétés de bitumes, d'asphaltes, de mines, de stéarinerie, qui virent le jour vers cette époque et dont les actions jouirent de primes énormes pour tomber bientôt à rien, furent innombrables.

Un établissement de crédit qui depuis a pris, sous le nom de Comptoir d'Escompte, une importance considérable, se fondait en 1848. C'est en 1852 que s'organise le Crédit Mobilier qui fut essentiellement une banque d'agiotage. Aidé par les journaux, il suscite partout le goût de la spéculation. Comme banque d'émission, il donne naissance à un commerce nouveau, le plus lucratif de tous les commerces, mais le moins scrupuleux, celui de la création de sociétés anonymes et d'émission de valeurs mobilières. Il crée la Sociéte Immobilière qui devait amener par la construction de maisons nouvelles une baisse sur les loyers, mais qui, en réalité, fut l'une des causes déterminantes de l'industrialisme dont la conséquence fut la hausse de toutes les choses les plus nécessaires à la vie ; hausse des loyers, hausse des vivres, hausse de la main-d'œuvre. Enfin, par les bénéfices qu'il réalisait, il montrait tous les profits que l'on pouvait tirer de l'agiotage.

Depuis l'origine de cette institution, il serait impossible de faire l'historique de toutes les sociétés financières qui se sont succédé. Toutes ont le même but : vente par leurs fondateurs à la société même d'entreprises ou d'affaires à des prix fixés suivant le bon plaisir des vendeurs. Lorsque la chose vendue se trouve en leur possession elle vaut 100 ; mais en passant dans les mains de la société pour laquelle ils achètent comme administrateurs ou font acheter par des administrateurs qui sont leurs hommes de paille, ils en exigent 200, 300 et même parfois 1000. C'est ce que l'on appelle en terme de finance, l'opération des syndicats de fondateurs. Viennent ensuite les syndicats sur les valeurs. Ces syndicats commencent par les déprécier, pour les accaparer à des prix avilis, les faire monter ensuite par des manœuvres déloyales et les revendre avec des bénéfices énormes.

La presse a toujours prêté son concours à ces sortes de manœuvres. Les réclames éhontées dissimulées sous forme d'articles de fonds destinés à éclairer le public, mais en réalité rédigés dans le but de le tromper, ont causé la ruine de beaucoup de braves gens qui, le plus souvent, avaient péniblement amassé un petit pécule. Parmi les financiers aujourd'hui en évidence, on en cite plusieurs qui ne doivent leur colossale fortune qu'à leur habileté à rédiger de pareils articles.

Presque toutes ces entreprises ont disparu laissant après elles la désolation et la démoralisation. Et on est surpris que le gouvernement n'ait point songé à mettre un frein à ces friponneries des financiers et à ce dévergondage de la spéculation. On s'étonne aussi qu'il permette à des membres du Parlement de prêter leur nom et l'influence qu'ils exercent sur le pays à de pareilles entreprises. Il est facile de voir, en suivant dans les journaux les annonces financières, qu'un ou deux cents députés ou sénateurs vendent leur nom à quelques-uns de ces financiers exploiteurs du public et se **joignent** de la sorte à ces fondateurs de sociétés anonymes qui tendent des pièges à la foule ignorante.

L'agriculture, qui est la source de toutes les richesses, souffre en France de ces excès du régime capitaliste. A partir de 1871, sous l'essor extraordinaire de l'industrialisme, une hausse des salaires eut lieu. Elle fut très forte, notamment dans l'industrie du bâtiment. A leur tour les ouvriers agricoles en profitèrent pour augmenter leurs exigences; il s'ensuivit une diminution dans les produits des fermiers, qui se traduisit bientôt par une baisse des fermages et la dépréciation de la propriété rurale.

A la fin de février 1884, M. le comte de Saint-Vallier a dit au Sénat : « Il y a deux ans 650 fermes grandes et fer- « tiles du département de l'Aisne n'étaient pas louées. Au- « jourd'hui, il y en a 840. Chose inouie, des propriétaires « offrent leurs fermes pour le montant de l'impôt et ne « trouvent pas de preneur. Maintenant regardez la France, « et vous trouverez beaucoup de départements dans cette « situation déplorable ». Ces paroles sont graves, elles donnent bien à méditer sur notre avenir.

Le commerce et l'industrie exploités par les particuliers souffrent tout autant que l'agriculture de l'industrialisme et de la bancocratie, dont la puissance nous étreint de plus en plus. Les grandes sociétés de crédit ne donnent point au commerce et à l'industrie les facilités des banques que les particuliers exploitaient autrefois, lesquelles ouvraient des crédits en blanc, c'est-à-dire faisaient des découverts sans autres garanties que l'intelligence et la moralité du négociant ou du chef d'industrie. Soit que les banques par actions trouvent à placer plus avantageusement leurs capitaux dans les emprunts ou entreprises étrangères, soit qu'elles ne daignent pas s'occuper du commerce au milieu duquel elles sont établies, les avances à découvert sont excessivement rares. Elles escomptent parfois le papier de commerce ; mais le plus souvent ne

l'acceptent qu'à l'encaissement. On observe encore un phénomène inverse de celui qui se passait autrefois : lorsqu'une maison de banque, n'ayant qu'un capital modeste,
se créait dans un pays, elle recevait des dépôts qu'elle
employait à commanditer les maisons de commerce et les
industries qui lui paraissaient les plus sûres et les plus
prospères ; aujourd'hui, les grandes banques drainent au
moyen d'affiches, d'annonces, de réclames et de courtiers,
tous les capitaux disponibles et privent de la sorte le commerce général et l'industrie locale de capitaux dont la
disparition amènera par la suite leur ruine et falicitera les
grandes entreprises qui les absorbent et les affaires étrangères déjà nuisibles à notre industrie nationale.

§ V.

Les gouvernements anciens ignoraient la puissance et
les pratiques du crédit, et se contentaient d'amasser, durant la prospérité, des trésors que bientôt leur prodigalité
ou la guerre dissipait. La pratique des trésors est encore
en usage en certains pays. En 1830 nous nous sommes
emparés d'un de ces trésors à Alger. La mise en circula-
lation à Constantinople, en 1877, de pièces d'or de 100
francs frappées à la monnaie de Paris, fit voir que le sul-
tan Abdul-Aziz, qui venait de mourir d'une manière tragi-
que, avait prélevé sur les emprunts contractés par la Turquie des sommes considérables et qu'il avait laissé à sa
mort un trésor de plus de cinq cent millions de francs.
De nos jours, dans des pays plus civilisés, en Allemagne et
en Russie, des trésors considérables restent enfermés
dans les forteresses de Spandau et de St-Pétersbourg.
C'est sous Philippe-le-Long, en 1316, que l'on commence
à trouver la trace d'engagements perpétuels et viagers,
dont le poids gênait déjà à cette époque le trésor royal.

Ce ne fut toutefois qu'en 1522 que la dette publique prit une forme régulière et stable, et c'est de cette époque que datent les rentes dites de l'Hôtel-de-Ville. Ces rentes étaient émises au profit du roi, mais par l'intermédiaire et sous la garantie des magistrats municipaux de la ville de Paris, qui prêtaient ainsi à la royauté un crédit que celle-ci n'obtenait que très difficilement. Et lorsqu'il ne fut plus possible à l'Etat obéré d'emprunter par cette voie, on vit, en 1716, l'écossais Law fonder, pour venir en aide au gouvernement, la Banque Royale qui fut la première institution de crédit créé eu France. Le bouleversement que cette banque occasionna dans le pays fut l'une des causes déterminantes de la Révolution de 1789.

En 1793, le gouvernement réunit en une seule dette l'ancienne dette de l'Etat, à laquelle il ajouta celles qu'avaient laissées les compagnies commerciales supprimées à cette époque, les émigrés dépouillés de leurs biens et les communes, etc. Toutes ces dettes d'origine et de formes diverses furent inscrites sur un grand livre qui devint le titre unique et fondamental des créanciers de l'Etat. Cette immense liquidation était loin d'être achevée quand la loi du 9 vendémiaire an VI ordonna que le tiers seulement de chaque créance serait inscrit au grand livre et que les deux autres tiers seraient remboursés au moyen de bons au porteur. Ce fut une banqueroute, car ces bons, immédiatement avilis, demeurèrent sans valeur. Par ce moyen le Trésor fit descendre l'intérêt de sa dette à quarante millions de francs.

Malgré la longue période de guerres qui suivit, le chiffre ne s'accrut que très faiblement et, à la chute de l'Empire, au 1er avril 1814, la dette publique dépassait à peine soixante-trois millions ; sous la Restauration elle s'accrut considérablement, et s'élevait, au moment de la Révolution de Juillet, à 164,568,000 francs. Sous le règne de Louis-Phillippe, elle n'augmente que fort peu et atteint, le 1er mars 1848, la somme de 176,845,000 francs. Elle monte considérablement à partir de cette époque, pour s'élever encore, au 1er mars 1858, à 311,057,226 francs. Depuis lors jusqu'à nos jours, la progression est encore plus considérable. En Juillet 1870, la dette publique était de 363,000,000, et en 1874, elle atteignait la somme énorme de 748,593,000 francs. En ajoutant à cette somme les intérêts à payer pour la dette flottante et autres engagements du Trésor, on arrive à un total de 896,000,000 de francs, soit une dette en capital de 23,144,000,000 ; — ce qui représente environ le quart de la valeur totale du sol de la France, qui était évalué à la même époque à une centaine de milliards. Mais par suite de la prépondérance de l'industrialisme qui a, depuis 1874, fortement déprécié la propriété rurale, on peut réduire la valeur du sol à 75 ou 80 milliards.

Les hauts cours de la rente, qui ont permis et facilité la progression de la dette publique, ont été de tout temps soutenus par la spéculation et l'agiotage qui ne donnent de profits qu'à cette condition. L'agiotage prenait un point d'appui dans la hausse des salaires et le double étalon monétaire ; mais lorsque les causes économiques qui amenèrent à la suite du *krac* de janvier 1882 une baisse sur les salaires, on vit le crédit de l'Etat atteint et se manifester en même temps des symptômes inquiétants pour l'avenir.

En effet, si on diminue le prix de la main-d'œuvre, la puissance du capital s'accroît en proportion de cette diminution au détriment de l'agriculture, de l'industrie et de l'Etat. Car, pour payer l'intérêt, il faudra plus de denrées ou de produits manufacturés qu'auparavant, ou, ce qui est la même chose, une plus grande quantité de travail ; et si le travail reste stationnaire au lieu de suivre la progression ascendante qu'il suit depuis le commencement de ce siècle, l'Etat ne pourra plus recouvrer la totalité de l'impôt.

Lorsque quelques Etats peu soucieux des intérêts des masses adoptèrent comme unique étalon la monnaie d'or, il s'en suivit pour ce métal une hausse ou, ce qui est la même chose, une baisse sur l'argent comparé à la valeur de l'or, seul métal servant d'instrument d'échange international de-puis la proscription de l'argent. Aussi dès que des demandes de ce métal se produisent, les banques, pour maintenir leur encaisse, doivent hausser le taux de l'escompte, et cette hausse, si on venait à refuser les billets de la Banque de France qui ont aujourd'hui cours dans tous les pays du monde à l'égal de l'or, atteindrait un taux que l'imagina-tion ne peut prévoir, et nous verrions bientôt la dette pu-blique subir une dépréciation en proportion de la crise monétaire, et les transactions commerciales subir des os-cillations qui seraient les causes de nombreuses ruines.

Si, par exemple, la hausse de l'escompte était provo-quée par un manque de récoltes de céréales, les achats des denrées qu'il faudrait payer à l'étranger avec de l'or, deviendraient très onéreux et feraient sentir aux peuples qu'ils sont de plus en plus sous la dépendance du régime capitaliste et que les Juifs, gros détenteurs des capitaux et manipulateurs des changes, sont en train de devenir les seigneurs de la féodalité capitaliste.

Le jour n'est peut-être pas éloigné où nous verrons les descendants de cette race inférieure, à laquelle il a toujours manqué les qualités essentielles pour former une nation et s'élever à la notion du droit, régner et asservir au moyen du capital les races aryennes mieux douées et mieux pé-nétrées du sentiment de la dignité humaine. Cette prophé-tie des peuples musulmans, « les Juifs seront un jour par « le capital les rois de l'univers », est en train de se réali-ser.

Pour faire comprendre combien est funeste aux sociétés le trop grand développement du régime capitaliste, je de-mande à mes lecteurs la permission de faire une dissertation sur la religion et la race de ceux qui sont appelés à être les rois de la terre.

Les doctrines judaïques laissées de côté jusqu'à nos jours, semblaient appartenir à un ordre d'idées et de faits différent des religions anciennes.

De travaux récents il résulte manifestement que le judaïsme ne doit plus prétendre à l'originalité. Prise en elle-même, étudiée sans prévention, la religion juive apparaît, non seulement comme un emprunt fait à l'Asie centrale et particulièrement au Mazdéisme, mais comme un emprunt incomplet fait aux Aryens par un peuple de race étrangère, par un peuple qui n'était pas de nature et d'aptitudes à recevoir toute la doctrine et à la conserver dans sa pureté primitive.

La race juive, comme les races chinoises, arabes, zingaries ou tziganes, ne se laisse pas entamer; les enfants provenant des unions entre Juifs et individus de la race aryenne ne donnent jamais de beaux produits; c'est le mouvement inverse de ce qu'on constate chez les nègres et les indiens de l'Amérique.

Au VI° siècle avant notre ère, les Juifs vivaient à l'état d'agrégation sociale. Ce fut le roi chaldéen Nabucadrezar qui, par ses victoires, leur ravit leur existence comme nation et détruisit leurs temples. A cette époque la presque totalité des Juifs, continuait, par *tradition* et aussi par penchant *supertitieux* pour des rites plus tragiques ou plus joyeux du Jéhovisme, d'adorer les divinités sémitiques, en particulier Moloch, l'épouvantable idole qui se repaissait de *victimes humaines;* ce qui ne les empêchait pas, comme aujourd'hui, de regarder Jéhovah comme le dieu spécial d'Israël. Des procès célèbres nous ont fait savoir que, de nos jours, on soupçonne les Juifs de suivre les mêmes pratiques. Chaque année, à l'époque des fêtes de leur Pàque, il surgit à Constantinople et dans l'Asie-Mineure des émeutes provoquées par la disparition de jeunes personnes chrétiennes que l'on accuse les Juifs d'avoir égorgées. Le procès qui s'est déroulé l'année dernière dans une petite ville de la Hongrie a été très retentissant. J'ai assisté moi-même aux plaidoiries d'un procès pareil, qui eut lieu il y a quelques années à Koutaïs (gouvernement russe du Caucase). Quoique l'issue de ces affaires ait été favorable aux Juifs, il est resté bien des doutes sur leur innocence.

Nabucadrezar, le conquérant chaldéen, dispersa les Juifs. A la suite de cette dispersion, les nobles, les prophètes et les prêtres durent louer leurs bras pour des travaux mercenaires ou exercer d'humbles métiers. Il est de toute évidence que c'est à dater de ce moment que se fit l'éclosion de cet esprit de négoce qui depuis caractérise si fortement les descendants de Judas.

Les autres Juifs qui formaient le plus grand nombre de l'agrégation, artisans et gens du peuple, s'abandonnèrent au brigandage. Dès lors on voit ces vaincus sans patrie et impuissants, par leurs discordes intestines, à reconstituer une unité nationale, se répandre sur toutes les parties de la terre, conserver leurs mœurs corrompues et corruptrices, ainsi que leur fanatisme religieux qui a gardé à travers les siècles toute son ardeur des premiers jours. Ils se montrent rebelles à l'assimilation des sociétés au milieu desquelles ils vécurent; ils se livrent à l'usure; indociles, intrigants, et, se mêlant de politique et des affaires d'Etat, aigrissent les souverains et les sujets dont ils ont reçu l'hospitalité. De là les persécutions attribuées à tort au fanatisme religieux des princes et des peuples.

L'existence de la race juive est le prodige de l'histoire : elle résiste aux siècles, n'a ni enfance ni maturité, ni décadence; ce phénomène tient surtout à ce que les Juifs ne se livrent point aux travaux manuels et qu'ils ne peuvent se mêler aux affaires d'un pays que lorsqu'il touche à sa fin. Cette manière de vivre n'use pas; ce qui éteint les peuples c'est l'immense déploiement des forces vives qu'entraîne le labeur de la civilisation.

Les Juifs vivent dispersés, sans asile et sans patrie; ils n'ont pas un seul village qu'ils puissent nommer le leur. Sous les tropiques et dans l'Islande ils ont conservé leur type et leur caractère. Banquier des rois, marchand d'habits de Constantinople, colporteur de Bagdad, médecin de Novogorod, le Juif n'est qu'une chose, il est Juif. Le Français né en Algérie et l'Anglais né aux Indes sont algérien et indien par tempéramment; le sauvage transporté de bonne heure en Europe se fait aux idées et se plie aux mœurs européennes. Le Juif seul conserve son identité, échappe aux influences et s'obstine à n'être que lui-même. On peut trouver chez lui, comme chez le reste des hommes, la probité, l'improbité, la grâce, la gaucherie, le génie, la sottise, la prodigalité, l'étourderie, la vigilance, la force, la faiblesse de l'âme, et, dans cette diversité même, le *trait générique de la race ne s'efface pas.* Le Juif vous montre que tous les moyens lui sont bons pour gagner de l'argent, et qu'il n'est pas l'un de vous; le Juif de Russie ou du Maroc est son frère, mais le Russe, le Français, l'Espagnol ne sont que les descendants de ses oppresseurs.

Le Juif n'a jamais songé qu'à exploiter la population au milieu de laquelle il vit, et il est insensible à la misère qu'il accumule autour de lui. Par l'usure il s'est assuré la prépondérance en matière financière. Judas a reconquis le sceptre; il se joue des peuples et de leurs maîtres : Tous les gouvernements actuellement criblés de dettes ont été forcés de puiser dans sa caisse.

Le coffre-fort a remplacé le donjon, et le jour où les Juifs pourront tarir le cours des emprunts, ils seront maîtres d'arrêter la marche des gouvernements. Ils sont déjà par la presse, qui est leur propriété dans presque tout l'univers, maîtres de l'opinion, et, de la sorte, ils arrivent à se soustraire à la loi commune d'examen et de censure. A

Paris, où les Juifs sont déjà princes, ducs, comtes et barons, sans pour cela remonter aux croisades, on ne peut se permettre la plus petite critique sur les envahissements de cette race sans que les représentants les plus humbles comme les plus haut placés crient qu'on leur fait une guerre de religion.

Les dissipations des princes et des particuliers, les folies des nations qui ne savent pas mettre un frein à leurs dépenses et réglementer la société anonyme, la spéculation, l'agiotage et rappeler à des sentiments plus dignes les sénateurs, les députés etc., qui mettent leur nom et l'influence que leur donne leurs fonctions au service des affaires financières, nous conduiront insensiblement à abdiquer notre liberté et notre indépendance au profit des Juifs.

Par suite de la baisse de la main-d'œuvre, qui amènera un appauvrissement en proportion de cette baisse, et des fluctuations que l'escompte subira par suite de l'adoption par quelques Etats de l'unique étalon monétaire, le poids des dettes et des impôts deviendra plus écrasant, ce qui amènera une aggravation de toutes les dettes à longue échéance. Cette aggravation accablera le contribuable au profit des rentiers. Or, comme les impôts sont prélevés sur les choses créées par le travail, il s'en suivra que tout le travail se fera au profit du rentier oisif, qui spécule, accumule et règne sur le monde que le régime capitaliste réduit par ses exigences successives au rôle d'esclave.

La vanité et l'ostentation des grands propriétaires, plus t~~d celles de tous les détenteurs des parcelles du capital, ont fait que, par un étrange renversement de la logique sociale, par une anomalie qui a fini par devenir elle-même une loi économique, ce que la nature et les hommes ont créé de plus radicalement inutile et de plus impropre à toute application bienfaisante, est précisément ce que, grâce aux progrès de la civilisation, nous avons élevé au premier rang des *valeurs,* ce que nous appelons des pierres précieuses, des bijoux ; et tous ces mille riens sont à nos yeux des choses plus précieuses que le blé, le fer, le bois et les autres matières sans lesquelles nous ne pourrions subsister.

L'état social créé par le régime de la propriété individuelle et de l'industrie est l'une des plus grandes aberrations humaines. Il en résulte que la *valeur* ne se mesure plus aux *qualités utiles,* et que les progrès des peuples en richesses et des villes en population marche aujourd'hui à la suite et en proportion de la décomposition sociale, du vice et de la démoralisation.

Il est déplorable que les économistes et les classes dirigeantes ne voient dans notre état social que l'accroissement de la fortune, et non l'accumulation à l'un des pôles de la société de toutes les richesses marchant de pair avec l'accumulation à l'autre pôle, de la misère, de l'asservissement et de la dégradation morale de la classe qui par son travail fait naître ces richesses.

DEUXIÈME PARTIE.

§ Ier.

Nous venons de voir l'homme passer successivement de l'état sauvage à l'état pastoral et ensuite au régime agricole, et économiser, sous ce dernier régime, une quantité de revenus ou valeurs qui, en s'accumulant, font naître le capital. Nous avons vu ensuite le capital engendrer l'esclavage qui se développe au fur et à mesure de la puissance du capital, soit par les prisonniers que fournit la guerre, soit par le rapt. Les richesses que l'esclavage permet d'accumuler donnent naissance au luxe et au régime capitaliste de l'antiquité, régime qui disparaît avec la chute des Républiques grecques et de l'Empire romain.

Après la chute de l'Empire romain, la féodalité s'implante insensiblement en détruisant partout les institutions sociales du passé, et finit par constituer un nouveau régime social, basé sur la propriété individuelle. Ce nouveau régime devait fatalement suivre les phases de développement qu'il a suivies depuis : progrès du commerce et de l'industrie, marchant à la suite et en proportion de la vanité et de l'ostentation des grands et aboutissant à l'anéantissement de la féodalité; progrès de la bancocratie, marchant de pair avec la liberté de l'intérêt et du trafic sur

les affaires financières, et devant aboutir à l'anéantissement de la bourgeoisie, où se recrute la classe dirigeante
depuis le siècle dernier; développement, par la bancocratie, de l'industrialisme qui, en absorbant le commerce et
l'industrie exploités par des particuliers, crée la féodalité
du capital conduisant toutes les sociétés au paupérisme.

M. de Laveleye admet avec beaucoup de justesse, comme
un fait reconnu par la science, que l'industrie et la
propriété privée engendrent le paupérisme. C'est là un
axiome qui n'a pas besoin de démonstration. Déjà les habitants de la Californie, contrée qui n'est défrichée que depuis trente ans, s'aperçoivent que la propriété privée et
que la rente de la terre les mettent à l'étroit, les gênent,
les appauvrissent.

Stuart Mill écrit au sujet de l'industrie : « Il est douteux
« que toutes les inventions mécaniques faites jusqu'à ce
« jour aient diminué la fatigue quotidienne d'un seul être
« humain. Elles ont permis à un plus grand nombre d'hom-
« mes de mener la même vie de réclusion et de travaux
« pénibles et à un plus grand nombre de manufacturiers
« et autres de faire de grandes fortunes. »

Karl Marx dit : « Les ouvriers sont les esclaves des ma-
« chines; tous les progrès industriels n'ont abouti qu'à
« une activité dévorante qui épuise l'ouvrier et le consume
« prématurément. Le travail à la tâche est le procédé in-
« venté pour absorber, en en compromettant la durée, la
« force vitale de l'ouvrier. »

Proudhon écrit : « Une fois que, par le défaut d'équili-
« bre dans la répartition des richesses, le paupérisme a
« atteint la classe travailleuse, il ne tarde pas à s'étendre
« partout, en remontant des conditions inférieures aux
« supérieures, à celles qui vivent dans l'opulence.

« Chez le malheureux le paupérisme se manifeste par
« la faim latente dont a parlé Fourrier, faim de tous les

« instants, de toute l'année, de toute la vie; faim qui ne
« tue pas en un jour, mais qui se compose de toutes les
« privations et de tous les regrets, qui sans cesse mine le
« corps, délabre l'esprit, démoralise la conscience, abâ-
« tardit les races, engendre toutes les maladies et tous les
« vices, l'ivrognerie entre autres et l'envie, le dégoût du
« travail et de l'épargne, la bassesse de l'âme, l'indélica-
« tesse de la conscience, la grossièreté des mœurs, la pa-
« resse, la gueuserie, la prostitution et le vol.

« Chez le parasite, l'effet est autre. Ce n'est plus la
« famine, c'est une voracité insatiable. Il est d'expérience
« que plus l'improductif consomme, plus, par l'excitation
« de son appétit en même temps que par l'inertie de ses
« membres et de son cerveau, il demande à consommer.
« ..... A mesure que le riche cède à cette flamme de jouis-
« sances qui le consume, le paupérisme l'assaille plus
« vivement; ce qui le rend à la fois prodigue, accapareur
« et avare..... Le luxe de la table n'est qu'une fraction de
« la dépense de l'improductif. Bientôt, la fantaisie et la va-
« nité s'en mêlant, aucune fortune ne lui suffit plus; au
« sein des jouissances il se trouve indigent; il faut qu'il
« remplisse sa caisse qui se vide. Le paupérisme s'empare
« alors tout à fait de lui, le pousse aux entreprises hasar-
« deuses, aux spéculations aléatoires, au jeu, à l'ivrogne-
« rie, et venge à la fin, par la plus honteuse des ruines, la
« tempérance, la justice et la nature outragées.

« Voilà pour ce qui regarde les extrêmes du paupé-
« risme. Mais il ne faudrait pas s'imaginer qu'entre ces
« extrêmes, dans cette condition mitoyenne où le travail
« et la consommation se font un plus juste équilibre, les
« familles soient à l'abri du fléau (1). »

Proudhon ajoute : « Dans certains pays, tels que la Rus-
« sie, l'Autriche, où la plupart des familles vivent de l'ex-

(1) *La Guerre et la Paix*, pages 160 et 161.

« ploitation du sol, produisant presque tout par elles-mê-
« mes et pour elles-mêmes et n'entretenant que de faibles
« relations avec le dehors, le mal est moins intense. C'est
« surtout le gouvernement sans numéraire et sans crédit,
« ce sont les hautes classes à qui la terre ne fournit qu'une
« faible rente, souvent payée en nature, qui souffrent de
« la détresse. Là on peut dire que, quant aux masses, la
« sécurité de la vie et la garantie du nécessaire sont en
« raison de la médiocrité industrielle et commerciale de
« la nation. »

Après avoir fait l'historique des diverses phases qu'ont
parcourues les peuples dans leur évolution sociale, il devient nécessaire de s'occuper de la *valeur*.

Toute l'économie politique, c'est-à-dire cette science qui,
malgré les nombreux livres qui en traitent, est à peine
dénommée, pivote autour de la valeur. Son but, qui est de
chercher le meilleur régime sous lequel les peuples et les
individus doivent vivre, ne parait pas encore défini, pas
plus d'ailleurs que ses méthodes d'investigation.

Je crois comme Proudhon que l'économie politique est
la dépositaire des pensées secrètes de l'humanité et que
l'objet de cette science est d'étudier les faits, d'en dégager
l'esprit et d'en formuler la philosophie, et non de répon-
dre *à priori* aux redoutables problèmes de l'organisation
du travail et de la répartition des richesses. Lorsqu'on
veut s'occuper des intérêts des sociétés, l'économie politique devient une science indispensable. C'est la première
assise de la sociologie, et Littré a pu dire avec raison
qu'elle est à la science de la société ce que la théorie des
fonctions nutritives est à la science de la vie.

Pour étudier la valeur avec succès et en pénétrer tous
les secrets, il convient de tenir compte de ce que l'un des
plus éminents penseurs de l'Angleterre, Herbert Spencer,
a défini sous le nom d'*équation personnelle*. Les convic-

tions politiques et religieuses, les préjugés de race et de caste, ceux que l'on puise dans l'éducation, les tendances naturelles accrues par les sympathies ou des antipathies inconscientes sont autant de facteurs qu'il est presque impossible de négliger, car ils sont en quelque sorte une partie intégrante de nous-mêmes. On doit cependant les éliminer si l'on veut apprécier d'une manière saine et impartiale des évènements humains.

Il est incontestable que la valeur prend naissance dans les pensées secrètes de l'humanité et que son objectif est l'intérêt personnel, c'est-à-dire les moyens d'arriver à posséder pour soi seul une partie de ce qui à nos yeux constitue la valeur. La rapine, l'audace, l'habileté, la richesse, la considération sont des valeurs. La rapine constitue la valeur chez le sauvage. La bravoure est synonyme de valeur pour le soldat. La ruse chez le commerçant, l'astuce chez le financier, le talent chez l'artiste, la pensée chez l'homme de science sont aussi des valeurs. Le soldat emploiera la valeur à asservir ses semblables; le commerçant, le financier, l'artiste, l'emploieront pour faire naître et ensuite exagérer la valeur d'opinion; enfin l'homme de science travaillera pour améliorer le sort de ses concitoyens.

Pendant la période de l'évolution sociale de l'homme vivant à l'état sauvage, l'eau, l'air, la terre, les richesses qu'elle produit et qu'elle renferme dans son sein, sont des choses utiles; mais, dans leur état de production spontanée, ce sont des *valeurs inertes* qui ne valent qu'autant que les hommes, par un effort quelconque de leur activité, les rendent propres à un usage déterminé. Lorsque l'homme a produit par son travail une quantité de valeur supérieure à celle qu'il est en état de consommer et qu'il trouve dans un voisin un consommateur, il troquera ce qu'il possède en excédant contre ce que son voisin possède d'un autre produit qu'il aura également en excédant.

Pour opérer cet échange les deux parties mesureront le prix de la valeur par le travail que chaque produit aura coûté, c'est-à-dire qu'ils troqueront une journée de travail contre une journée de travail. Cette opération de troc, qui transforme la *valeur inerte* en *valeur d'échange*, est la première manifestation du *commerce*.

Sous le régime agricole, l'aisance des hommes et leurs relations avec les individus étrangers à leur tribu ou à leur clan s'accroissent; quelques-uns d'entre eux commencent à accumuler une quantité de revenus suffisants pour créer le capital qui devient un nouveau facteur dans la mesure de la valeur. Les instincts égoïstes augmentant au fur et à mesure et en proportion du développement du capital, l'homme songe, à chacune de ces périodes d'accroissement, à faire intervenir de nouveaux facteurs. Avec leur introduction les problèmes à poser pour mesurer la valeur devront se résoudre par des règles composées où le multiplicande sera le produit de la terre et les multiplicateurs :

1° Le travail ;

2° Le capital ou travail accumulé ;

3° La rente de la terre devenue propriété privée ;

4° *Le travail improductif* résultant de la création d'impôts dont la perception exige l'entretien d'employés salariés qui sont une charge pour l'Etat et les contribuables ;

5° L'intensité des besoins matériels qui se développent avec la progression du commerce et de l'industrie ;

6° Les armées permanentes qui augmentent le *travail improductif* en raison de leur importance et sont une cause de ruine pour l'Etat et les particuliers ;

7° *Les travaux sociaux* qui marchent en suivant le développement du commerce et de l'industrie, exigent la création et l'entretien des routes, canaux, chemins de fer, services postaux, etc. ;

8° Le *luxe et l'égoïsme* qui fleurissent en proportion des progrès de la spéculation et de l'agiotage.

La stérilité des études sur l'économie sociale provient de ce que les économistes n'ont pas su tenir compte de ces facteurs et ne connaissaient pas les pratiques du commerce. En effet, pour juger sainement la valeur dans ses fluctuations, il faut des personnes rompues à la marche des affaires commerciales et initiées à tous les mystères de la spéculation et de l'agiotage.

Voyez, par exemple, l'intensité des besoins. Exploité par les habiles, ce facteur aura pour effet immédiat de stransformer la *valeur réelle* en *valeur fictive*, laquelle restera en lutte permanente avec la *valeur réelle* qui devrait avoir comme unique mesure le travail.

Si, dès les premières manifestations du commerce, les hommes avaient songé à fixer les prix de la valeur, en prenant comme base le travail, il est certain que les sociétés auraient suivi dans leur évolution une marche différente de celle qu'elles ont prise.

Lorsque l'échange, même de nos jours et dans les pays peu commerçants, se fait de producteur à consommateur, la mesure de la valeur s'opère encore dans la plupart des cas au moyen du travail et de la rente de la terre. Mais qu'un intermédiaire se présente, son intervention suffit pour entraver le troc du travail et suspendre la circulation des produits, ses manœuvres dérangeant l'équilibre de la valeur. Plus les pertubations qu'elles causent sont grandes, plus il sera facile à un petit nombre d'individus de s'enrichir au détriment de la majorité. L'intermédiaire, spéculateur, accapareur ou agioteur, pour avoir un gain, doit d'abord acheter une quantité de produits suffisante pour dix, cent ou mille personnes; c'est ce que l'on appelle, dans la langue de la spéculation, faire le vide ou enlever le flottant. Par cette opération la circulation des produits se trouve suspendue, la demande de dix, cent ou mille

personnes dépassera l'offre dans les proportions de dix,
cent ou mille. Sous une pareille influence, dès que la demande se manifeste, la hausse devient inévitable ; l'intermédiaire, qui est seul à offrir ce que dix, cent ou mille de-
mandent, profitera de cette situation pour vendre, avec
une hausse que rien ne justifie, les produits qu'il aura en
magasin.

Dans nos sociétés modernes, presque toutes les choses
échangeables passent par les mains de l'intermédiaire, les
les œufs, le beurre, la volaille, les légumes, et cela malgré
les règlements de police municipale de presque toutes les
villes et bourgs. A l'exception du midi de la France et de
l'Italie, où il est défendu aux revendeurs d'aller acheter
sur les routes à l'arrivée des vendeurs de denrées, ainsi
que pendant les premières heures du marché, la plupart
des villes ne peuvent échapper à l'effet désastreux des in-
termédiaires.

Le prix de la valeur restant ainsi indéterminé, il suffit,
comme je viens de le montrer, de l'intervention d'un seul
intermédiaire, pour interrompre le cours naturel des choses, arrêter la marche régulière des échanges et fausser
toutes les théories économiques sur la production et la
consommation ou distribution des richesses.

Si nous passons de ce trafic de denrées, qui demande
peu de capitaux, à celui des marchandises comme les
blés, les laines, les cotons, les soies, les valeurs fiduciai-
res (titres de rentes, emprunts d'Etat, actions de sociétés
industrielles, de commerce et de crédit), nous n'aperce-
vons plus, sous le prétexte que des règlements pourraient
entraver la liberté des transactions, l'intervention des autorités : ce sont là des affaires libres, où les capitaux,
l'astuce et la corruption s'associent, au nom de la liberté,
pour arrêter la circulation des produits, les accaparer, les
faire hausser et, de la sorte, affamer le peuple et donner

une nouvelle force à la décomposition sociale en multipliant la valeur d'échange.

Les économistes ne voient dans la multiplication de la valeur d'échange que les effets du moment, qui se traduisent par l'augmentation du travail et de la richesse; d'où ils concluent que c'est une nouvelle source de richesses. Ce raisonnement est séduisant, mais il est absolument faux.

L'effet inévitable de la multiplication des valeurs est de les avilir; plus une chose abonde, plus elle perd à l'échange et se déprécie commercialement. Si la production d'une marchandise est double de celle que le pays ou le monde peuvent consommer, cette chose ne vaudra pas plus que si elle était réduite de moitié. De sorte que plus l'ouvrier travaille, plus il s'appauvrit, et plus une valeur se multiplie, plus celui qui la possède arrive vite à l'indigence. Nous avons vu cet effet se produire chez les actionnaires des banques de Law et, de nos jours, chez les actionnaires de diverses sociétés industrielles et de banques, entre autres de l'« Union générale », qui, en s'enrichissant pendant quelques années, se sont finalement ruinés.

Notre pays paraît augmenter considérablement ses richesses, il n'en est cependant rien et si on se rend bien compte de la situation, on s'aperçoit au contraire qu'il marche à l'indigence; la baisse du fermage et du prix de la terre en est la meilleure preuve.

La bancocratie et l'industrialisme sont la résultante de la multiplication de la valeur et ne peuvent exister que par cette multiplication qui fera que toute richesse, à force de passer par la filière commerciale et industrielle, reviendra tout entière à quelques monopoleurs et qu'il ne restera rien ou presque rien pour les producteurs.

Le prix de la valeur n'étant pas fixé, la *valeur fictive*, créée par la spéculation et l'opinion, devait forcément servir, au détriment de la *valeur réelle*, de mesure à la *valeur d'échange.* D'où il est résulté que le travail, le prix de la matière première, ainsi que *l'utilité* de la chose ne sont, dans l'apréciation de la valeur, que des agents secondaires.

Quelle est la *valeur utile* d'un diamant? Une robe qui coûtera dix mille francs chez un couturier à la mode a-t-elle plus *d'utilité* que la robe que porte une pauvre paysanne et qui aura coûté dix francs? Une bouteille de Château-Margaux, qui se paiera vingt francs, a-t-elle, par le fait qu'elle coûte vingt francs, plus *d'utilité* qu'une bouteille de vin récolté sur le territoire de la même commune et qui coûtera deux francs. Il est certain qu'au point de vue de l'utilité toutes ces valeurs se valent et que, s'il y a exagération de prix, cela tient uniquement à la vanité et à l'ostentation de l'espèce humaine qui attribue une *valeur d'opinion* exagérée à des choses dont on pourrait fort bien se passer, et ce, pour le bonheur du plus grand nombre qu'accable le travail nécessaire à la production des objets de luxe et des choses inutiles.

Les législateurs en édictant des pénalités contre les spéculateurs, agioteurs et accapareurs qui, par des sur-offres, des réunions, des coalitions, ou autres voies et moyens frauduleux, provoquent la hausse du prix des marchandises ou actions au-dessus des prix que détermine la concurrence naturelle et libre du commerce, ne se rendaient point compte de notre état social qui a engendré la lutte qui existe entre la *valeur réelle* qui se mesure par le travail, et la *valeur fictive* qui se détermine par l'opinion et la spéculation ; car, pour appliquer ces pénalités, il faudrait d'abord fixer le prix de la valeur, soit par l'évaluation du rendement, comparé aux besoins de la consommation, soit par une moyenne basée sur les prix des mercuriales, soit encore par une entente entre producteurs et consommateurs basée sur le travail. Mais en laissant à l'offre et à la demande le soin de mesurer la valeur d'une chose, on ne peut sévir contre les détenteurs de marchandises dont la valeur est fixée par l'offre et la demande qui naissent également de la concurrence naturelle et libre du commerce aussi bien que des manœuvres frauduleuses.

L'offre et la demande, d'après l'esprit des législateurs, ne seraient pas la loi de l'échange. C'est aussi mon humble avis ; et si de tout temps le commerce a été méprisé, cela tient à cette lutte entre l'offre et la demande, qui rend les hommes égoïstes, le commerçant astucieux et la justice relative.

Nous arrivons donc à ce grand problème social qui serait la fixation de la valeur.

« Et de fait, en quoi l'idée de mesurer, et par consé-
« quent de fixer la valeur répugne-t-elle à la science ?
« Tous les hommes croient à cette fixation, tous la veu-
« lent, la cherchent, la supposent ; chaque proposition de
« vente ou d'achat n'est, en fin de compte, qu'une com-
« paraison entre deux valeurs, c'est-à-dire une détermina-
« tion, plus ou moins juste si l'on veut, mais effective.
« L'opinion du genre humain sur la différence qui existe
« entre la valeur réelle et le prix du commerce est, on peut
« le dire, unanime ; c'est ce qui fait que tant de marchandi-
« ses se vendent à prix fixe. Il en est même qui, jusque
« dans leurs variations, sont toujours fixées : tel est le
« pain. On ne niera pas que, si deux industriels peuvent
« s'expédier réciproquement, en compte courant et à prix
« fait, des quantités de leurs produits respectifs, dix, cent,
« mille industriels ne puissent en faire autant. Or, ce serait
« précisément avoir résolu le problème de la mesure de la
« valeur. Le prix de chaque chose serait débattu, j'en con-
« viens, parce que le débat, bien qu'il soit une preuve
« d'incertitude, a pour but, abstraction faite du plus ou
« moins de bonne foi qui s'y mêle, de découvrir le rapport

« des valeurs entre elles, c'est-à-dire leur mensuration,
« leur loi (1).

La fixation du prix de la valeur reçoit tous les jours de
nombreuses applications ; la loi qui limite le taux de l'intérêt de l'argent ne fait autre chose que fixer la valeur
monétaire. Le tarif de transport que l'Etat impose à une
compagnie de chemins de fer est la fixation de la valeur
du capital engagé dans l'entreprise et du travail du personnel occupé par la compagnie. La taxe d'un acte nota-
rié, de l'exploit d'un huissier, du rapport d'un expert, sont
la fixation de la valeur d'un travail que le consommateur,
c'est-à-dire celui qui le demande, ne saurait déterminer.

§ II.

Dans la commune agraire, ou la commune de nos jours,
dans un village en Russie et en Serbie, les hommes récol-
tent les denrées alimentaires et les matières textiles, fa-
briquent les outils aratoires et les meubles, tandis que les
femmes préparent les aliments et les vêtements, filent la
laine, le chanvre, le lin et font même des chaussures. Il se
fait peu d'échanges et la mesure de la valeur de ceux
qu'on pratique se résout par le travail.

La population progressant par la paix et l'échange, les
fruits de la terre devenant insuffisants, on songe pour les
augmenter à irriguer les terres que possède la communauté. Le puits ne suffisant plus, il faut faire des travaux
pour amener au centre de l'agglomération et des terres
l'eau de la rivière ou de la source voisine. Ces travaux
constituent une *valeur sociale* qui donnera naissance à
l'impôt prélevé par la commune sur chacun de ses mem-

(1) Proudhon, *Considérations économiques*, t. I., page 78.

bres, afin de se couvrir des frais d'aménagement et d'entretien.

A ces travaux viennent s'ajouter, avec le développement de la production, les routes, les canaux, les ports de commerce, les télégraphes, les chemins de fer, etc. Ces travaux sociaux donnent naissance à l'impôt qui marche de pair et en proportion de leur développement, et modifie profondément les prix de la valeur et les facteurs qui lui servent de multiplicateurs.

Avec les routes et les canaux le transport des marchandises se fait plus régulièrement et à meilleur marché ; les échanges se multiplient et la richesse des nations qui en sont dotées va en suivant un mouvement de progression ascendante. Les Chemins de fer rendent les transports plus rapides et en diminuent le prix, ce qui permet par la suite à des pays très reculés, qui jusque là restaient incultes faute d'écoulement de leurs denrées, de prendre part au mouvement des échanges. Ce mouvement enrichit les pays qui commencent à produire ; mais, par contre, il appauvrit ceux où se déverse le trop-plein de leur production. C'est le mouvement qui se manifeste depuis quelques années en Russie et en Algérie, où la terre augmente de prix, et en France, où elle diminue.

Comme facteur dans la mesure de la valeur, il faut aussi tenir compte des travaux productifs et de ceux qui ne le sont pas. Le travail productif est, suivant Adam Smith, celui qui ne se consomme pas immédiatement ; tels sont les travaux agricoles et ceux des ouvriers industriels qui donnent par leur travail une plus-value à une matière première.

Le travail improductif, comme celui d'un domestique, n'ajoute rien à la valeur. C'est, dit Adam Smith dans son livre *(Recherches sur la nature et les causes de la richesse des Nations)*, un consommateur qui ne produit rien et dont l'entretien appauvrit son maître et la société.

Le travail de quelques-unes des classes de la société, de même que celui des domestiques, ne produit aucune valeur. Le chef de l'Etat, par exemple, ainsi que les magistrats civils et militaires qui servent le pays, toute l'armée, toute la flotte, sont autant de travailleurs non productifs. Ils sont entretenus avec une partie du produit du travail et de l'industrie d'autrui et sont une cause d'appauvrissement pour le pays qui les entretient.

La vanité et l'ostentation font perdre à la valeur toute mesure raisonnable et créent celle d'opinion qui détruit toute logique sociale et fait que des choses absolument impropres à toute application bienfaisante et morale sont élevées au premier rang des valeurs : un cheval de course, les faveurs d'une courtisane à la mode, sont des valeurs pour lesquelles on perd tout sentiment d'appréciation et de justice ; les vols et les crimes que provoquent trop souvent ces valeurs devraient les faire proscrire des sociétés qui prétendent marcher à la tête de la civilisation.

Le libre-échange est un des facteurs qui a le plus d'influence sur la mesure de la valeur. Le régime libre-échangiste est l'une des causes de la disparition des famines. C'est le bienfait de notre siècle, car le véritable titre de la production, le seul qui la recommande à la consommation, est, non pas d'être nationale, mais d'être économique et de défrayer plus de besoins à moins de frais. Une production coûteuse est moins une richesse qu'une charge ; elle ne subsiste qu'aux dépens d'autres productions qui naîtraient sous l'empire du droit commun plus naturellement et par conséquent plus utilement.

§ III.

Le travail seul crée et vivifie la valeur. Le commerce et l'industrie, l'opinion et la spéculation ont pu introduire des facteurs qui en modifient le prix, mais ils n'ont pas fait qu'une seule valeur puisse être produite sans travail. Tous ces éléments ont pu créer des *valeurs fictives* échangeables contre des *valeurs réelles*, mais ces valeurs ne valent que par un travail effectué ou à venir. Je citerai comme exemple les fortunes colossales faites par des accapareurs du sol. Dans une grande ville comme Paris, des lots de terrain sont achetés par un riche spéculateur à raison de dix francs le mètre et sont revendus, sans qu'on y ait édifié de constructions et fait le moindre travail, cinq, dix ou vingt ans après, à cent, deux cents et quelquefois mille francs le mètre. L'accapareur n'a fait aucun travail, c'est vrai ; mais ce terrain aurait-il la moindre valeur si l'acheteur n'était pas certain de trouver des maçons, des charpentiers etc., pour y édifier une construction.

L'agiotage et l'accaparement sont les plaies de nos sociétés modernes. Les manœuvres de ceux qui se font payer en spéculant des services qu'ils ne rendent pas consistent à répandre de fausses nouvelles, à corrompre les employés des administrations afin de connaître avant le public les événements qui peuvent influencer les cours, à faire croire à des besoins qui n'existent point et à fausser ainsi le bon sens pour abuser plus facilement de la crédulité des masses. Au taux, où des valeurs, comme la plupart des actions des sociétés de crédit et des entreprises industrielles qui n'ont pour assises que la bêtise humaine, s'échangent contre de grosses sommes provenant quelquefois d'économies péniblement acquises, et surtout lorsque, ce qui est inévitable, ces valeurs viennent à s'effondrer, on juge alors de la profondeur de cette plaie sociale qui devient de plus en plus envahissante.

Le mal vicie tout ce qu'il touche, dit la sagesse orientale ; et, pour le prouver, une légende rapporte que le mouchoir teint du sang d'un criminel avait rougi une fontaine, que cette fontaine avait rougi le ruisseau, que le ruisseau avait rougi le fleuve, et que le fleuve avait rougi l'Océan. Terrible pensée! N'est-ce pas l'image fidèle de cet agiotage créé par le génie du mal et cause de la *valeur fictive* qui accable, pour enrichir quelques individus avides de jouissances, tout un peuple de travailleurs qui reçoivent un salaire représentant, comme dans l'esclavage, le minimum de ce qui est nécessaire à leur subsistance, de sorte qu'ils ne participent en rien aux richesses dont la production dépend uniquement de leur travail? En effet, que produira la terre sans cultivateurs? Quel bénéfice donnera la Compagnie des Chemins de fer sans employés? Que feront les chefs d'industrie avec toutes leurs machines perfectionnées, — sans ouvriers?

TROISIÈME PARTIE.

---

§ I.

La propriété individuelle a été la cause du développement des richesses qui se sont accumulées jusqu'à nos jours. En effet, de quelle utilité seraient, sous le régime de la propriété collective, les grandes fortunes que possèdent aujourd'hui quelques individus?

Ces fortunes, en s'accroissant à l'infini et en se concentrant dans quelques mains, ont donné naissance au socialisme moderne, dont J. J. Rousseau fut incontestablement le fondateur. Avant lui, les attaques contre la propriété et les hypothèses communistes n'étaient que des théories très rares. C'est de lui qu'est née cette haine contre la propriété privée, et cette colère contre l'inégalité des richesses.

L'une des premières manifestations du socialisme fut l'agitation qui se fit dans les premiers temps de la Révolution française en faveur de la loi agraire.

Lorsque les seigneurs de l'ancien régime faisaient vivre

un grand nombre de gens, la haine du riche et les attaques contre la propriété n'avaient point de raison d'être ; mais lorsqu'ils congédièrent, pour donner cours aux habitudes de luxe qui commençaient à poindre, les tenanciers et gens de leur suite, et qu'ils convertirent, pour augmenter leurs revenus, les terres arables en pâturages pour l'élevage des moutons dont ils vendaient la laine aux manufacturiers et en échange de laquelle ils achetaient ces objets de luxe qui leur firent perdre peu à peu toute influence et toute considération, ils créaient le *prolétariat*. Ces causes se renouvelant sans cesse, devaient fatalement aboutir à une révolution tendant au renversement des choses établies. C'est ce qui arrive partout ; la révolution anglaise, celle de France n'ont pas d'autres causes.

En France, avant 1789, le prolétariat était confondu dans la bourgeoisie. Cela tenait à ce que les artisans qui faisaient marcher les petits métiers, où la qualité d'ouvrier et celle de patron étaient souvent confondues dans la même personne, appartenaient à des corporations ou régnait un esprit de corps et de solidarité qui empêchait l'éclosion et le développement de la grande industrie.

La révolution de 1789, en abolissant les corporations, substituait l'égoïsme de l'individu à celui des corporations dont la conséquence fut l'anéantissement des petits métiers et la création de l'industrialisme. A mesure que disparaissaient des petits métiers, ceux auxquels ils donnaient asile ont dû s'enrôler comme salariés dans les grands ateliers de l'industrie. De là est né la guerre au capital.

La grande industrie commence à prendre de l'extention vers 1830, et quelques années plus tard le prolétariat donnait des inquiétudes sérieuses à la bourgeoisie.

L'Empire, en proclamant la liberté illimitée des transactions, provoquait cette lutte ardente pour la fortune qui n'a produit que de gigantesques monopoles et les monstrueux abus des sociétés anonymes, cette sorte de brigandage toléré et patenté dont le résultat est de procurer sans travail à ceux qui s'y livrent d'immenses fortunes.

Depuis le siècle dernier jusqu'à nos jours, toutes les théories socialistes se sont fait jour, mais sans succès. Un mouvement révolutionnaire sur les bases socialistes ne pouvait réussir, car la lutte pour l'existence pendant cette période a toujours été de très courte durée ; de plus, les salaires ont toujours suivi un mouvement de hausse qui en a doublé les prix.

Ce n'est que depuis quelques mois que le travail devient rare et que la totalité des ouvriers acceptent des salaires en baisse.

§ II.

Le premier des droits de l'homme est d'exister. Les hôpitaux, les asiles, en un mot toutes les mesures d'assistance publique sont des institutious sociales créées par les communes ou l'Etat au fur et à mesure du développement du régime capitaliste.

La taxe des pauvres en Angleterre est une institution essentiellement sociale. Les expropriations pour cause d'utilité publique et la confiscation sont des lois sociales qui ont été reconnues dans tous les temps.

Les hôpitaux, les asiles et autres mesures d'assistance publique sont aujourd'hui insuffisants pour asurer le premier des droits de l'homme. Ce droit n'étant plus assuré, il est naturel, et on ne saurait lui en faire un crime, qu'il porte tous ses efforts vers le renversement des choses établies et auxquelles il attribue tous ses maux.

Ce sont ces revendications qui rendent actuellement les sociétés si difficiles à gouverner. La connaissance du caractère de la race, de ses passions et même de ses préjugés, ne sont plus d'aucune utilité pour les hommes politiques qui finalement doivent avoir recours à des lois d'exception qui ne font jamais disparaître le mal. En mai 1884, M. de Bismarck disait au Parlement allemand : « Le « temps de la loi d'exception ne sera passé et cette loi ne « pourra être abolie que le jour où l'ouvrier sera toujours « sûr d'avoir du travail tant qu'il sera en bonne santé, des « soins quand il sera malade et de l'assistance quand il « sera infirme. »

Les progrès de la bancocratie viennent, au fur et à mesure de leur développement, apporter de nouveaux éléments à la question sociale. Des magasins comme ceux du *Louvre,* du *Bon Marché,* du *Printemps,* portent un coup mortel aux marchands en gros et en demi-gros d'articles similaires ; des commerces qui ont été longtemps prospères, comme celui des articles de nouveautés, se trouvent aujourd'hui dans une situation pénible. Ce mouvement de concentration, en se développant, fera que beaucoup d'entreprises individuelles disparaîtront pour passer à l'état d'entreprises collectives, et que toute une nuée de négociants en gros, en demi-gros, en détail, de commis-voyageurs, de courtiers, disparaîtront et viendront accroître le nombre des prolétaires.

Les aspirations socialistes ne sont point des maladies accidentelles que subissent les peuples ; elles sont le résultat de faits accomplis pendant les périodes d'évolutions précédentes. L'élimination des tenanciers et le fermage, exigé par les grands propriétaires, de la valeur totale de ce que la terre pouvait produire, furent les causes de la révolution de 1789.

La révolution de 1848 fut la résultante du développement de l'industrie ; mais comme la révolution de 1830 et comme celle de 1870, la révolution de 1848 n'a absolument rien changé aux traditions qui ont pris naissance avec la révolution de 1789. Depuis cette époque jusqu'à nos jours, la misère de l'ouvrier et l'égoïsme de la bourgeoisie ont suivi une progression qui a marché en proportion du développement des richesses.

La situation actuelle de l'ouvrier a été souvent décrite. L'Etat a créé, pour qu'il puisse placer avec sécurité ses économies des *Caisses d'Epargne* et, pour lui venir en aide dans les moments difficiles, des *Mont-de-Piété.*

L'intérêt servi par les caisses d'épargne est de 3 0/0. Il semblerait que, comme équivalent, le Mont-de-Piété dût prêter au même taux; il n'en est cependant rien. Les Mont-de-Piété prêtent bien à l'ouvrier ; mais l'ouvrier qui met son matelas au Mont-de-Piété reçoit vingt francs et donne parfois chez le commissionnaire, de renouvellement en renouvellement, au bout d'un an..... vingt-huit francs pour reprendre son matelas! C'est un énorme intérêt usuraire. Dans les cas normaux et à la maison-mère l'intérêt demandé à l'ouvrier est au moins de 9 0/0 par an, et le Mont-de-Piété n'attribue à l'objet mis en gage que les 2/3 de sa valeur. Le Mont-de-Piété devrait de son vrai nom s'appeler *Mont-d'Usure.*

Dans notre société moderne la condition de l'ouvrière est encore plus misérable que celle de l'ouvrier. Regardez l'intérieur d'un atelier de femmes à Paris ; écoutez ce qu'on y dit et voyez ce qu'on y fait. Vous remarquez tout d'abord qu'il n'y a pas là une jolie fille en dehors des petites apprenties ; on dirait que le vice examine à un certain âge les filles, comme le préfet examine les garçons au conseil de révision. Il prend les plus belles. La femme paie aussi un impôt du sang; mais elle le paie à la corruption sociale. Voyez ces petites apprenties mal vêtues; déjà elles ont des bas bien blancs..... Le conseil de révision va bientôt les examiner; elles vont payer l'impôt.

Presque toutes les ouvrières dans les grandes villes ont l'air laid des femmes malheureuses; on voit qu'elles manquent de nourriture, d'air et de lumière. La moyenne du salaire de l'ouvrière est à Paris de deux francs par jour.

Elle ne peut pas vivre avec ces deux francs ; il faut qu'une main comble le déficit de son petit budget. Cette main est celle du vice ou de la famille. L'alternative est absolue.

§ III.

A mesure que disparaissent le commerce et l'industrie exploités par les particuliers et que ceux-ci se réfugient dans les entreprises collectives, les personnes qui en vivaient entrent comme salariées dans les grands magasins et les bureaux de la bancocratie. Elles vont ainsi de la classe bourgeoise à celle des prolétaires, vivant au jour le jour, parfois d'expédients ; éprouvent dans cette nouvelle situation tous les besoins de la bourgeoisie, toutes les détresses du prolétariat et viennent finalement, par la force des choses, apporter de nouvelles forces à la corruption et à la décomposition sociale.

Une jeune fille en quête d'un emploi se présente dans un grand magasin de nouveautés. Sa bonne volonté égale son ignorance. Elle n'entend rien à la comptabilité ; elle n'a pas été initiée aux petits mystères de la vente ; c'est une recrue dans toute la force du terme. Le patron remarque son air. — Enlevez ce châle, qu'on voie comment vous êtes bâtie. — La jeune fille hésite, rougit et finit par obéir. — Le torse a du bon, les attaches sont fines, les cheveux s'enroulent bien, le pied... le pied laisse à désirer, mais vous êtes si mal chaussée qu'on ne peut pas le juger. La main est bien et supporte la bague. Les ongles sont assez soignés. Il faudra renoncer aux soins du ménage, par exemple. Vous avez bien une mère quelque part, pour faire tout cela. Mademoiselle, votre inexpérience ne nous permet de vous mettre ni à la vente, ni au comptoir ; mais, en raison de vos qualités.... externes, nous consentons à vous confier un emploi d'essayeuse. Vous viendrez le ma-

tin; on vous confiera une première toilette que vous en-
dosserez. Une fois habillée vous ne bougerez plus que
lorsqu'on vous appellera. A midi, seconde toilette, tenue de
ville, drap, velours, faille, etc. A quatre heures, toilette de
haute fantaisie. Le soir toilette de bal. Une fois habillée
vous vous promènerez de long en large. Ne songez pas à
vous asseoir, cela fait des faux plis, à vous appuyer non
plus, cela lustre les étoffes. Vous ne mangerez que des
choses sèches, de peur des taches. Il ne faudra pas rire,
cela tire sur les coutures et c'est mortel pour les barèges. —
    La pauvre fille, si elle a faim, se résigne. Elle accepte ce
métier de poupée, plus dur qu'on ne pense. Lorsque, le
soir, elle retire ces vêtements luxeux et endosse sa robe
humide encore de l'averse reçue le matin; lorsqu'elle se
drape dans son maigre tartan, imprégné de l'odeur de misère; lorsqu'elle glisse en frissonnant ses pieds chauds
dans ses bottines glacées; comment voulez-vous qu'elle
ne fasse pas de funestes comparaisons.
    Je viens de passer en revue le sort des ouvriers et l'ave-
nir de la bourgeoisie dans notre société moderne. Ce sont
cependant les seules classes productrices des richesses,
l'ouvrier par le travail et la bourgeoisie par le commerce.
    Les artistes, les dentistes, les avocats et autres, exer-
çant des professions dont le travail est improductif, c'est-
à-dire appauvrissant la société et ceux qui les rétribuent,
prennent aujourd'hui, comme à l'époque de la décadence
de Rome, une importance que, certes, ils ne méritent à aucun titre. Des chanteurs et chanteuses, des comédiens et
comédiennes, des danseurs, etc., arrivent à gagner des
sommes fabuleuses. On cite plusieurs artistes qui ont été
engagés par des entrepreneurs de théâtre à raison de dix
mille francs par soirée !
    On se demande pourquoi notre société moderne donne
une telle importance à des gens qui sont une cause de
ruine pour les particuliers et de démoralisation pour les

peuples. La société d'avant 1789 n'était jamais tombée
dans de pareilles aberrations. Elle méprisait les comédiens qui, certes, ne sont pas plus recommandables aujourd'hui qu'autrefois. Je ne saurais mieux trouver pour
les faire connaître que d'emprunter à M. Octave Mirbeau
un article publié dans le *Figaro* en 1883 :

« Aujourd'hui où l'on ne s'intéresse plus à rien, on s'intéresse au comédien. Il a le don de passionner les curiosités
en un temps où l'on ne se passionne plus pourtant ni pour
un homme, ni pour une idée. Depuis le prince de maison
royale qui le visite dans sa loge, jusqu'au voyou qui, les
yeux béants, s'écrase le nez aux vitrines des marchands
de photographies, tout le monde, en chœur, chante la
gloire du comédien. Alors qu'un artiste ou qu'un écrivain
met vingt ans de travail, de misère et de génie à sortir de
la foule, lui, en un seul soir de grimaces, a conquis la terre.
Il y promène, en roi absolu, au bruit des acclamations, sa
face grimée et flétrie par le fard; il y étale ses costumes
de carnaval et ses impudentes fatuités. Et de fait il est roi,
le comédien. Avec le bois pourri de ses traiteaux il s'est
bâti un trône, ou plutôt le public — ce public de décadents
que nous sommes — lui a bâti un trône. Et il s'y pavane,
insolent; il s'y vautre, stupide, se faisant un sceptre du
bec usé de sa seringue, et couronnant sa figure d'eunuque
vicieux d'une ridicule couronne de carton peint. Cet être,
autrefois rejeté hors de la vie sociale, pourrissant, sordide
et galeux, dans son ghetto, s'est emparé de toute la vie
sociale. Ce n'est point assez de la popularité dont on l'honore, des richesses dont on le gorge. En échange des mépris anciens, on lui rend les honneurs nationaux, et nous
en sommes venus à un tel point d'irrémédiable abaissement que, marchandant la récompense à de vrais courages
et à de sublimes dévouements, nous attachons la croix
sur la poitrine de ce pître, dont le métier est de recevoir,

tous les soirs, sur la scène, des coups de pieds et des gifles.

« On accuse les journaux de ce grandissement démesuré du comédien. « C'est vous qui les faites », nous dit-on. C'est une erreur. C'est le public qui les fait; c'est le public qui veut être renseigné non seulement sur la manière dont ils jouent leurs rôles, mais sur leurs intimités; non seulement sur leurs souliers à bouffettes de satin, mais aussi sur leurs pantouffles. Il veut les voir sur la scène, et les voir aussi chez eux. Il est attiré vers le comédien, comme vers une chose qui laisse du mystère après elle. Il flaire en lui un parfum de vice inconnu, à la fois délicieux et redoutable à humer. Les irrégularités, les camaraderies, les promiscuités de la vie de théâtre, tout cela le trouble étrangement. Et il demande qu'on lui soulève un coin de rideau qui lui cache les priapées qu'il a rêvées.

« Est-ce la faute des journaux aussi si le public se rue, pendant trois cents représentations, dans une même salle de spectacle pour y applaudir et y ensevelir sous les fleurs une chanteuse d'opérettes, dont la voix est laide, mais dont les mollets sont beaux et qui sait, par un renversement de toute logique et de toute raison, tirer du mot le plus simple une obscénité qui fait se pâmer tous ces braves gens sur leurs fauteuils ou dans le fond de leurs loges? Les journaux constatent, voilà tout. Ils ne peuvent pourtant pas écrire qu'on a sifflé M. Coquelin, quand on l'a applaudi, et qu'on a jeté des pommes cuites à Mlle Ugalde, quand ce sont des roses-thé et des violettes.

« En cet article rapide, je ne parle pas du *cabot,* du pauvre *cabot,* souffreteux, maigre et jaune, du *cabot* sans théâtre et sans rôle, qui traîne de cafés en brasseries, ses bottes trouées, son linge crasseux, ses regrets d'hier et ses espérances de demain. Je parle seulement du comédien, du vrai, du grand, de celui dont on dit qu'il est un *artiste,* à qui les femmes écrivent des lettres d'amour, qui va dans le monde, non point comme un salarié de plaisir, mais comme un visiteur de luxe dont on s'enorgueillit ; du comédien qui gagne cent mille francs par an, comme un président de la Chambre, et dont la critique, complaisamment et durant trois colonnes de feuilleton, vante chaque semaine les talents variés, la voix géniale, le geste sublime ; du comédien enfin qui prend, dans la vie, une place qui ne lui appartient pas et que tout le monde, par une aberration de la responsabilité sociale, s'efforce à faire encore plus belle et plus conquérante.

« Qu'est-ce que le comédien? Le comédien, par la nature même de son métier, est un être inférieur et un réprouvé. Du moment où il monte sur les planches, il a fait l'abdication de sa qualité d'homme. Il n'a plus ni sa personnalité, ce que le plus inintelligent possède toujours, ni sa forme physique. Il n'a même plus ce que les plus pauvres ont, la propriété de son visage. Tout cela n'est plus à lui, tout cela appartient aux personnages qu'il est chargé de représenter. Non seulement il pense comme eux, mais il doit marcher comme eux ; il doit non seulement se fourrer leurs idées, leurs émotions et leurs sensations dans sa cervelle de singe, mais il doit encore prendre leurs vêtements et leurs bottes, leur barbe s'il est rasé, leurs rides s'il est jeune, leur beauté s'il est laid, leur laideur s'il est beau, leur ventre énorme s'il est efflanqué, leur maigreur spectrale s'il est obèse. Il ne peut être ni jeune, ni vieux, ni malade, ni bien portant, ni gras, ni maigre, ni triste, ni gai, à sa fantaisie ou à la fantaisie de la nature. Il prend les formes successives que prend la terre glaise sous les doigts du modeleur. Il doit vibrer comme un violon sous cent coups d'archet différents. Un comédien, c'est comme un piston ou une flûte, il faut souffler dedans pour en tirer un son. Voilà à quoi se réduit exactement le rôle du comédien, ce comédien qu'on acclame, aux pieds duquel, auteur, directeur et public se traînent agenouillés, comme devant une idole, — au rôle inerte et passif d'un instrument. Si l'air est joli, s'il vous fait rire ou s'il vous fait pleurer, est-ce au violon que vous en êtes reconnaissant, est-ce le haut-bois que vous applaudissez, est-ce au trombone à qui vous jetez des fleurs? Le comédien est violon, haut-bois, clarinette ou trombone, et il n'est que cela.

« Il y a aussi le côté macabre et sinistre qui seul suffit à justifier et à faire regretter l'état de répugnante abjection, dans lequel l'ancienne société tenait le comédien. Dieu lui-même l'avait chassé de ses temples et ne permettait pas qu'il pût reposer son cadavre dans l'oubli tranquille et béni de ses cimetières. Errant de la vie, il voulait qu'il fût aussi un errant de la mort. Et c'était justice, car le comédien, ce prostitueur de la beauté, des douleurs et des respects de la vie, eût prostitué également la majesté, la sainteté et les consolations de la mort.

« Avez-vous vu passer parfois un comédien malade ? Il est pâle avec des yeux cernés et creusés. Son dos est voûté, son allure chancelante. Il tousse, et sur ses lèvres blémies, mousse un peu de salive rougie de sang. C'est un phtisique. Le pauvre diable! Il fait peine à voir et il vous émeut. On a pour lui la pitié et cette sorte de respect poignant que la vue de ceux qui s'en vont inspire même aux plus sceptiques et aux plus endurcis. Le pauvre diable!

« Le soir, il est dans sa loge; il s'habille pour la représentation. Des pots de fard sont rangés devant lui ; à droite, à gauche se hérissent des perruques rousses, blanches ou noires; des houppettes bouffent, enfarinées de poudre, sur des boîtes ébréchées ; des crayons errent çà et là, mêlés à des ustensiles bizarres, à des peignes et à des brosses. Le voilà devant sa glace, et ce phtisique, qui sera peut-être mort dans un mois, cynique, maquille ses traits malades. Au milieu des hoquets de la toux, des jurements et des calembours, il creuse dans sa figure déjà creusée par la souffrance, des grimaces rouges, il plaque des rires

stupides et enluminés au coin de ses lèvres livides; il
avive de vermillon ses pommettes qui pointent comme des
clous, sous la peau, puis, la bouche grand ouverte, l'œil
arrondi, les jambes écartées et les poings sur la hanche,
il se regarde, ravi, chantonne un air, se félicite de l'effet
qu'il va produire, et conduit sa maladie au carnaval,
comme une fille qu'on insulte. La pitié qui vous avait serré
le cœur, en le voyant passer dans la rue, devient du mépris. Et cette pâle et douloureuse vision de maladie, qui
s'en va lentement, se courbant vers la mort, prend un as-
pect hideux et repoussant de cauchemar.

« Avez-vous vu parfois passer un comédien vieillard?

« Il vacille sur ses jambes et s'appuie lourdement sur sa
canne. Il est propre et soigné. Ses cheveux sont tout
blancs et dans ses yeux, dont les paupières tremblotent,
il semble qu'on voit de la lumière, cette lumière des bons
vieux dont parle Victor Hugo. On est prêt à se découvrir
devant ce long cortège d'années qui défilent. Pauvre
vieux !

« Le soir il est sur la scène, grotesque, effrayant. Sa couronne de cheveux blanchis se hérisse en toupet. Dans ses
yeux brille une lueur falotte; grimace un clignement de
débauché impuissant, et ses jambes qui peuvent à peine le
porter se secouent et vaguement ébauchent un pas de
cancan.

« Le comédien a déshonoré ces deux choses respectables
et saintes : la maladie et la vieillesse.

« Il ne peut même pas souffrir, le comédien. Il est à la
piste d'une douleur, pour la noter ou la reproduire, sur la
scène. Ce sera son *effet*, au *deux* ou au *trois* !

« Il a perdu sa femme, ou son enfant. Le cadavre est là,
dans la chambre, raide sur le lit paré funèbrement. Une
grande douleur lui est venue, mais il a passé devant la
glace. Il se regarde. Ah! comme ses traits sont décom-
posés; comme ses larmes ont tracé là, sous les yeux, un

sillon rouge; comme la lèvre s'est plissée, curieusement!
Et il note tout; et il recommence à plisser ses lèvres, à
décomposer ses traits, à voiler ses yeux, à gonfler ses
paupières. Oui, c'est bien cela; l'*effet* est trouvé. Comme
il sera applaudi demain!

« Le comédien a déshonoré la souffrance.

« Voilà ce qu'il appelle son art, ce métier horrible et
honteux pour lequel nous n'avons pas, nous public, assez
de battements de mains, assez de fleurs, assez de cou-
ronnes; ce métier pour lequel toute la vie d'une grande
ville se met en branle, en l'honneur duquel il faut dresser
des statues, des palais et des panthéons.

« Et plus l'art s'abaisse et descend, plus le comédien
monte. Quand, au grand soleil de la Grèce, à la pleine
clarté du jour, le peuple applaudissait, emporté dans le
génie de Sophocle, le comédien n'était rien, il disparais-
sait sous le souffle superbe de l'œuvre. Aujourd'hui, le
comédien est tout. C'est lui qui porte l'œuvre chétive. Aux
époques de décadence, il ne se contente pas d'être roi sur
la scène, il veut aussi être roi dans la vie. Et comme nous
avons tout détruit, comme nous avons renversé toutes
nos croyances et brisé tous nos drapeaux, nous le hissons,
le comédien, au sommet de la hiérarchie, comme le dra-
peau de nos décompositions. »

§ IV.

La féodalité terrienne a été remplacée par la féodalité
financière, laquelle n'a engendré que des abus et la corruption. Sous l'influence de l'évolution sociale qui s'ac-
complit pendant cette période, nous voyons l'esprit humain se modifier, la personnalité nationale des individus
et des peuples disparaître, et à mesure que l'action sourde,
incessante, irrésistible de l'intérêt individuel s'accentue,

l'ancien esprit de solidarité des corporations fait place à tous les instincts de l'homme vivant à l'état sauvage et qui ne connaît d'autre valeur que la rapine.

Lorsqu'une nation arrive à ce point, on comprend combien peu pèsent les forces morales des peuples dans la balance des destinées humaines; combien l'influence des idées, des volontés, des vertus individuelles est faible sur la direction des masses et des foules livrées à leurs instincts, à leur imagination et à leurs passions aveugles. Les lois deviennent impuissantes et la justice ordinaire pêche à la ligne dans cette mer où il faudrait lancer l'épervier. La répression n'est souvent que corruption; c'est le cas des enquêtes et des poursuites que l'on fait semblant de commencer contre les gens de la finance.

Lorsqu'un peuple arrive à cet état de décomposition sociale, les masses entrent en fermentation. Quelques-uns cherchent le désordre pour pouvoir piller impunément; d'autres, pour accaparer des places ou des fonctions publiques; quelques-uns cependant sont poussés par des sentiments de justice et croient qu'il n'y a pour combattre cette corruption d'autre loi que celle écrite par Dieu lui-même dans le cœur de l'homme, et que, si la société et ses représentants chargés d'appliquer la loi sont impuissants ou refusent de faire justice, la société a le droit de se faire justice elle-même en renversant les lois et l'état social établi, et pensent comme M. Thiers lorsqu'il écrivait dans son *Histoire du Consulat et de l'Empire* : « Si les vastes et « bienfaisants résultats que les révolutions sociales procu- « rent aux nations ne venaient pas compenser le mal pré- « sent par l'immensité du bien à venir, il faudrait détour- « ner les yeux du spectacle qu'elles offrent au monde, « mais elles sont l'épreuve à laquelle la Providence soumet « les sociétés humaines pour les régénérer. »

QUATRIÈME PARTIE.

Les sociétés civilisées sont actuellement dans un état
de transformation, ou le passé les enserre dans ses préjugés, dans ses traditions, dans ses habitudes, et impose
aux individualités qui les composent une sorte de science
officielle hors de laquelle il est dangereux de s'aventurer.
Un courant qui a pris naissance avec le *Contrat social* de
J.-J. Rousseau et avec l'ouvrage de l'abbé de Mably, publié
en 1776 *(Législation ou Principes des Lois)*, cherche à détruire avec les préjugés, les traditions et les habitudes du
passé, les institutions sociales présentes. Les partisans de
ce nouvel état de choses soutiennent que l'inégalité des
richesses est la source de toutes les autres, et que les
hommes sortant des mains de la nature sont tous semblables, tous égaux, et que l'unique cause des révolutions est
dans l'inégalité des propriétés, qui fait que les pauvres
sont obligés de vendre leurs services, ce qui permet aux
riches d'usurper l'autorité.

Ces deux courants nous montrent clairement que notre
état social est mal équilibré, que les traditions morales

puisées à l'époque où existait la propriété collective disparaissent avec le développement de la propriété individuelle, que tout finit par s'acheter, morale, conscience et même les places dans un monde meilleur. L'Eglise catholique nous en a donné l'exemple en vendant des indulgences.

Le jour où les hommes ont le droit d'acheter les services d'autrui, l'esprit de solidarité et de justice va en s'affaiblissant et toutes les tendances se portent vers la possession des richesses.

La question sociale marque le point de départ de la décadence d'un peuple. Chez nous, elle prend naissance avec la propriété individuelle et se développe avec le luxe, lequel donne un essort puissant au commerce et au désir de la richesse qui a fini par être l'unique ressort des sociétés modernes.

Au déclin de la civilisation le désir de la richesse ne signifie rien de plus que la faim et la soif qui conduisent à l'antropophagie. Plus tard il fait, sous le régime pastoral, rechercher un nombreux bétail.

Quand arrive la période agricole, ce désir se traduit par l'amour de la terre et ensuite par la possession de bijoux, de belles habitations, de meubles de prix, etc.

Sous la période industrielle les goûts se dépravent et la corruption remplace peu à peu les traditions morales du passé. Aussi le désir de la richesse prend-il des formes variées : pour les uns, ce sera un luxe de toilettes, de bijoux de table, de fêtes, qui les conduira à la ruine et à la coquinerie; pour les autres, ce sera la privation de tout pour accumuler dans leur coffre-fort des chiffons de papier représentant des chemins de fer, des usines, des canaux et des banques qu'ils ne verront jamais.

Le désir de la richesse n'est pas toujours, comme le supposent les économistes, un stimulant à l'œuvre de production. Quand les fermiers des dîmes, en Turquie, enlèvent au cultivateur tous les fruits de ses efforts ; quand un marchand malhonnête surfait par une manœuvre le prix d'un produit, ou bien vend des marchandises falsifiées ; lorsqu'un ouvrier exagère le prix de son travail, le désir est toujours de s'enrichir, et cependant, loin de contribuer à l'accroissement de la richesse, ces faits tendent à décourager le travail et les mobiles qui le font naître.

La richesse a donné naissance à la recherche de la jouissance, et il est impossible de prévoir où conduira ce nouveau ressort, qui a déjà mené, les uns à la débauche, les autres à se priver de tout pour acheter des objets d'art, celui-là à travailler sans relâche, celui-ci à chercher les moyens de dépouiller son voisin, de le corrompre, etc. Ce désir de la jouissance développe l'égoïsme et rend les relations des hommes entre eux de plus en plus aigres ; le fluide s'accumule insensiblement jusqu'au jour de l'explosion qui amènera la foudre et la tempête !

Le savant économiste allemand Roscher a dit : « Tout « régime économique repose sur un système juridique qui « lui correspond. » Un économiste anglais, M. Leslie, généralise cette idée et nous dit : « Chaque époque succes- « sive du progrès social présente des phénomènes que l'éco- « nomiste, le moraliste, le juriste, le philosophe ont à con- « sidérer chacun à leur point de vue. Les mêmes institu- « tions, la famille, la propriété, l'hérédité, le salariat, dans « leurs formes diverses, doivent être examinées et jugées « sous le rapport de l'utile, du juste, du bien final et gé- « néral. »

Ce sont des idées très justes ; mais elles perdent avec la recherche des richesses et des jouissances tout crédit, et l'application en est impossible lorsque les sociétés ont atteint le point de décomposition ou quelques-unes se trouvent.

En effet, de quel poids sont la famille dans un pays où la débauche et la prostitution tiennent lieu de moyens d'existence à tant de monde, et la propriété lorsqu'il est permis à un sénateur, à un député de faire partie du conseil d'administration d'une société par actions créée en vue d'exagérer la *valeur d'opinion* pour pouvoir ensuite mieux voler le public?

Nous voyons où nous a conduit le régime de la propriété individuelle et l'impuissance des économistes, des moralistes et des juristes à combattre les tendances des peuples qui vivent sous ce régime. Aussi nul ne peut prévoir ce que l'avenir nous réserve. Verrons-nous une révolution violente renverser toutes nos institutions actuelles et établir une dictature autoritaire qui, s'appuyant sur toute la science et les découvertes modernes, confisquera la propriété individuelle au profit de l'Etat, pour créer ensuite la commune autonome qui répartirait les terres? Ou verrons-nous les puissants du jour maintenir la propriété individuelle, ce qui serait une atteinte portée à la Révolution et aux droits de l'homme que toutes proclament, droits qui peuvent être tolérés mais qui sont toujours méprisés, si l'homme ne peut soutenir son indépendance en traitant d'égal à égal avec ses pairs?

Au point de décadence où nous sommes, le maintien de la propriété individuelle nous conduira de révolutions en contre-révolutions et, finalement las de tous ces mouvements, nous verrons les influents du jour dire aux hommes appartenant à des races mieux douées : « Notre pays « est grand et tout y est en abondance; mais l'ordre et la « justice y manquent, venez en prendre possession et nous « gouverner. » Ou encore, si les hommes des campagnes conservent cette vigueur qui les distingue de nos jours nous verrons, sous la conduite d'un réformateur, une petite troupe de paysans armés et disciplinés sortir de nos montagnes, envahir les villes en poussant devant elle ces masses énervées qui, dans leur tendance à toujours s'enrichir, auront franchi les limites prescrites par la logique, et qui, ayant perdu tout sentiment du devoir, se seront transformées en une innombrable cohue de bourgeois et de prolétaires, les uns rendus inoffensifs par les jouissances et les autres par la misère.

FIN

Juillet 1884.

AURILLAC, IMPRIMERIE H. GENTET.

www.ingramcontent.com/pod-product-compliance
Lightning Source LLC
Chambersburg PA
CBHW070935280326
41934CB00009B/1878